GIANGAETANO BARTOLOMEI

Il Vangelo di Matteo letto da un non credente

edizioni www.lulu.com

ISBN 978-0-244-96592-1

A Ursicin Gion Gieli Derungs,
con affetto, ammirazione e gratitudine

INDICE

Al Lettore

Queste pagine riassumono alcune mie riflessioni di non credente sul Vangelo di Matteo. Non avevo l'ambizione né la capacità di scrivere, sull'argomento, un saggio scientifico, rispettoso delle regole dell'indagine storico-filologica. Così, mi sono limitato a raccogliere, con un linguaggio colloquiale e informale, i pensieri che il testo evangelico ha suscitato in me.

Ho tentato di scoprire nella figura storica e nella predicazione di Gesù di Nazareth un significato che possa valere anche per chi è del tutto estraneo alla fede cristiana, così come a ogni altra fede. C'è una lunga tradizione di letture laiche del Vangelo che, per lo più, ne esaltano l'altissimo messaggio etico indipendentemente dal suo valore religioso.

Ebbene, questa mia lettura vorrebbe, invece, rintracciare nella persona e nelle parole di Gesù (siano esse un dato storico o una invenzione degli autori del testo evangelico) qualcosa di più e di diverso da un messaggio etico. A me pare, infatti, che molti degli insegnamenti del Nazareno rappresentino, da un lato, il rifiuto radicale di molti atteggiamenti e comportamenti che il Mondo Antico aveva considerati 'naturali', leciti e persino encomiabili, e, dall'altra, costituiscano un rifiuto dell'idea di religione e di Chiesa. Che poi, storicamente, la parola di Gesù sia stata usata come la base di una nuova religione e di una nuova Chiesa (anzi, di una molte-

*plicità di Chiese), è una circostanza che non stupisce af-
fatto chi abbia un po' di dimestichezza con la storia delle
grandi rivoluzioni del pensiero umano. Nondimeno rimane, la parola di Gesù, un riferimento essenziale per
tutti gli uomini che si sentano 'in rivolta' contro ogni forma di ordine costituito (ovvero di "disordine stabilito",
come lo chiamava Mounier), nel quale, fatalmente, trion-
fa la violenza legalizzata, e l'individualità e la sua libertà vengono schiacciate.*

Nota. In questo scritto sono messi tra parentesi
i problemi di esegesi testuale. Si utilizzano, volta
a volta, la traduzione italiana adottata dalla Società Biblica Britannica & Forestiera, la traduzione CEI e quella interconfessionale (pur te-
nendo sott'occhio l'originale greco e la Vulgata
latina).

Premessa

Considero Gesù, quale ci si rivela nel Vangelo di Matteo, l'ultimo e il più grande profeta dell'Antico Testamento. Non il Messia, non il Dio Incarnato, ma l'estrema e più alta espressione della sapienza di Israele. Con Gesù (non con Hegel!) la storia dello spirito umano giunge a compimento. Dopo di lui non ci sarà più alcuno che possa aggiungere un solo iota alla sua promessa di salvezza. Dopo di lui nasceranno religioni, chiese, sètte, dottrine, predicazioni: ma saranno semplici accadimenti nel tessuto della Storia, non sviluppi o superamenti del Discorso della Montagna: nec plus ultra.

E, sempre vivente e sempre inascoltata dai più, la Parola di Gesù continuerà a vibrare nei secoli, provocandoci a pensare nei termini più radicali il senso della vita, del dolore, della morte: il senso del trascorrere del tempo e della nostra breve avventura terrena, offrendoci, primo e ultimo nella storia del mondo, l'unica speranza di salvezza che non può essere negata da alcun evento e da alcuna dottrina.

Che senso ha leggere i Vangeli?

La domanda contenuta nel titolo di questo paragrafo andrebbe completata così: "da parte di chi non ha alcuna preparazione specifica per affrontare un testo che è stato studiato e commentato, per quasi duemila anni, da schiere di filologi, storici, teologi, filosofi, i quali sono giunti a conclusioni spesso differenti e divergenti riguardo all'interpretazione dei passi più importanti di tale testo".

Infatti, la maggior parte dei cattolici non lo legge, ma se lo fa raccontare e spiegare da qualche sacerdote, il quale gli insegna anche qual è la corretta interpretazione, secondo il magistero della Chiesa Cattolica Romana. I Protestanti, invece, lo leggono, ma anche loro seguendo l'interpretazione dominante nella Chiesa a cui appartengono, nonostante il principio del "libero esame". E, per un non credente, che senso ha misurarsi con quel testo? Ha senso soltanto se egli è uno 'specialista', legittimato, quindi, ad aggiungere la sua lettura, la sua interpretazione, alla sterminata letteratura sull'argomento, già esistente? Insomma, una 'lettura ingenua' è soltanto un'imperdonabile ingenuità?

Io credo che, quale che sia il tasso di verità storica contenuto nei Vangeli, la vita e la predicazione di Gesù costituiscano un modello di 'uomo nuovo' che non ha uguali nella storia umana, né prima di lui né dopo di lui. In questo senso, egli può essere considerato il più grande e 'scandaloso' sovvertitore di ogni etica e religione costituite.

Com'è ovvio, noi non siamo in grado di *ascoltare* le parole di Gesù dalla sua bocca e non apparteniamo né alla sua epoca né al suo mondo: noi possiamo soltanto leggere dei testi scritti (nella lingua greca del I° secolo), i quali narrano la vita e gli insegnamenti di Gesù, ma, proprio in quanto testi 'stranieri', esigono da noi una traduzione-interpretazione, che presuppone il possesso di strumenti culturali specifici. E questo è precisamente il compito dei sacerdoti, dei pope, dei pastori, dei teologi e degli esperti in esegesi biblica: uomini scaltriti nello studio e nell'interpretazione della Sacra Scrittura, che possono insegnare agli ignoranti, quali siamo noi, come vadano correttamente interpretate la vita e le parole di Gesù. E, proprio per proteggerci dalla possibilità di errori interpretativi e di fraintendimenti, la Chiesa di Roma, come depositaria della corretta interpretazione del messaggio evangelico, ha vietato per secoli ai suoi fedeli, che non appartenessero alla casta sacerdotale, la lettura della Sacra Scrittura. E ancora oggi, pur ammettendola, non la incoraggia, se non sotto la guida di un sacerdote. Anche il "libero esame" dei Protestanti è, in realtà, 'condizionato', giacché non contempla la possibilità che da tale "libero esame" emerga la legittimazione del primato di Pietro e della Chiesa Cattolica Romana come unica depositaria della retta interpretazione del messaggio evangelico.

Ma torniamo alla questione dell'interpretazione del testo.

Va da sé che anche un discorso ascoltato dalla viva voce del locutore esige sempre una interpretazione, diretta a coglierne il senso, ma si capisce, a lume di buon senso, come, nel caso di un testo antico, scritto in una lingua morta, scaturito da una cultura lontanissima dalla nostra, (e presumibilmente frutto di una traduzione da un'altra lingua – nel nostro caso l'aramaico, a parte, forse, Luca), i problemi e le difficoltà interpretativi siano immensamente più grandi. E qui si aprono due strade, che potrebbero anche divaricarsi irrimediabilmente: o ci affidiamo al nostro contatto diretto col testo scritto, e faticosamente tentiamo di costruire il significato del discorso di Gesù, oppure ci affidiamo all'insegnamento di una Chiesa (non importa se cattolica, ortodossa o protestante), la quale, forte di secoli di studi ed erede di una *traditio* interpretativa, ci propone, bella e fatta, la 'corretta' interpretazione del testo. Com'è a tutti noto, le suddette Chiese ci offrono, a dispetto dell'abilità e della scaltrezza ermeneutiche dei loro studiosi, l'istruttivo spettacolo di un insanabile conflitto di interpretazioni riguardo al significato del medesimo passo. Aggiungiamo che, se coloro che hanno ascoltato Gesù con le loro orecchie, e che appartenevano al suo stesso mondo, si sono presto divisi e combattuti riguardo alla giusta interpretazione delle sue parole, figuriamoci noi, che possiamo soltanto leggere un antico testo.

Di qui la possibilità di sentirsi autorizzati a costruire la propria, personale (e, certo, filologicamente ed esegeticamente controvertibile) interpretazione del testo neotestamentario. In fondo, sappiamo tutti che la conoscenza storica comporta una ininterrotta re-interpretazione del passato, a partire dalla *Weltanschauung* in cui è immerso l'interprete. Ce lo hanno persuasivamente insegnato Dilthey, Max Weber e Karl Mannheim, per dire soltanto di pochi dei più noti. Ma non abbiamo scampo: quando ci confrontiamo con un testo (scritto od orale), *dobbiamo* interpretarlo, se vogliamo tentare di *comprenderlo*. Comprendere è sempre un rischio, "è un rischio, sì, ma è bello", come dice il Socrate platonico[1.]

Aggiungiamo un'altra difficoltà a quella costituita dall'interpretazione del testo. E cioè: come tutti sappiamo, gli evangelisti dei sinottici non hanno conosciuto e frequentato direttamente Gesù, e la loro narrazione è stata potentemente influenzata dalla interpretazione paolina della vita e delle parole di Gesù. In altri termini, gli evangelisti hanno narrato la vita le opere e le parole di Gesù sotto l'influenza dell'interpretazione che di esse aveva dato, qualche decennio prima, Paolo. E, parrebbe, si sono sostanzialmente adeguati. Difficilmente, infatti, si potrebbe sopravvalutare l'influenza di Paolo sulla formazione delle basi del cristianesimo. Ecco perché molti critici, magari un po' malevoli, hanno potuto dire negli ultimi secoli, che il cristianesimo è sostanzialmente una sua creazione.

Ma noi, armati della nostra ignoranza e della nostra ingenuità, cercheremo, nel Vangelo di Matteo, le tracce e gli indizi del volto autentico, storicamente attendibile, del figlio del falegname, giacché pensiamo che l'uomo-Gesù, il 'Gesù storico', non solo sia esistito, ma possa dirci assai di più di quanto può dirci il 'Gesù-dio', il 'Gesù metastorico', che, secondo molte parti dei Vangeli, nasce, cresce, agisce, predica già conoscendo in anticipo quello che sarà il suo futuro, il suo destino, la sua missione sacrificale. Perché è vero che l'ortodossia cristiana (almeno quella cattolica romana) ha proclamato abbastanza presto la doppia natura di Gesù, e dunque il suo essere vissuto, fino alla fine, fino alla Croce, come un uomo uguale agli altri uomini, ma nei Vangeli troppo spesso aleggia intorno a lui una specie di consapevolezza o di pre-scienza della sua natura divina, e di pre-visione di tutti i passi necessari per portare a compimento la sua opera di salvazione dell'umanità, fino a far sbiadire o a cancellare del tutto la sua 'umanità'. *Come uomo, infatti, Gesù non sapeva, non poteva sapere.* E questa circostanza, ogni volta che emerge nella narrazione evangelica, ce lo rende più caro, perché la sua impresa risulta impregnata di rischio, di coraggio, ma anche di esitazione e di paura, come tutte le grandi imprese umane. È grandioso e straordinario quello che ha compiuto l'uomo-Gesù. Ma tutto questo diventerebbe scontato e melenso, e persino illusorio, se pensassimo che egli è vissuto su questa terra nella consapevolezza di essere Dio. A volte, non saprei dire come, si avverte nelle narrazioni evangeliche una sorta di tensione tra l'impegno di narrare la vita e le opere del figlio del falegname - per il quale l'esistenza è, come per tutti noi, incertezza, rischio, apertura allo scacco - e il desiderio di illustrare l'avventura terrena del Figlio di Dio, che segue la trama già scritta della sua opera di redenzione del genere umano.

I mille volti di Gesù

Ma, se anche lasciamo da parte le questioni ermeneutiche e quelle riguardanti il Gesù storico, dobbiamo, nondimeno, rispondere ad alcune domande elementari e cruciali: che cosa può cercare o trovare un non-credente nella sua lettura 'ingenua' dei Vangeli? Una prova della divinità di Gesù? Una prova della verità dei suoi miracoli? Una prova della sua resurrezione (nel senso letterale di rianimazione di un cadavere)? L'emozione di essere preso da una storia avvincente e drammatica o forse addirittura tragica?

Personalmente, per semplice curiosità, ho letto, qualche decennio fa, la *Vita di Apollonio di Tiana*, scritta da Filostrato. La conoscenza della vita, delle opere e della predicazione di questo "mago e stregone abilissimo", diventato, dopo la sua morte, per qualche secolo, una specie di contraltare di Gesù, con il quale, secondo i suoi seguaci, competeva da pari a pari nella capacità di compiere miracoli, prodigi, guarigioni, la conoscenza, dicevo, della vita, delle opere e del culto di Apollonio di Tiana non ha cambiato di uno iota la mia vita né mi ha indotto a riflettere sulla condizione umana e sul destino dell'uomo, non mi ha 'provocato' in alcun modo, mentre la lettura dei Vangeli mi ha sempre indotto a pormi degli interrogativi radicali.

Ma ci si potrebbe chiedere perché mai un ateo materialista, che, a modo suo, ha trovato una risposta (per quanto agghiacciante) alle domande fondamentali riguardanti la vita e la morte, dovrebbe interessarsi alla vita e alla predicazione di Gesù, come sono narrate nel Nuovo Testamento? Perché hanno avuto un impatto immenso sulla storia recente dell'Umanità? Lo hanno avuto anche *Il Corano* e il Canone buddhista. Forse perché Gesù ha predicato l'amore e la fratellanza tra gli uomini? Beh, non è stato né il primo né l'unico, e non sta certo in questo la sua originalità. Inoltre, se si leggono per intero i Vangeli, la figura e la predicazione di Gesù risultano molto composite e sfaccettate: ci sono affermazioni e comportamenti di Gesù decisamente duri, severi, a volte addirittura spietati, con frequenti richiami alla dannazione, al destino terribile che colpirà, dopo la morte, chi avrà commesso certi peccati, per i quali non c'è perdono (per esempio, il peccato contro lo Spirito). In breve, nei Vangeli c'è un po' di tutto; e la figura di Gesù, così come essi ce la descrivono, si presta altrettanto bene a essere il punto di riferimento di un cristianesimo compassionevole, basato sull'amore e sul perdono, e di un cristianesimo intransigente, violento, persino 'feroce' coi peccatori e coi nemici di dio. Perciò, ciascuno, a seconda del proprio temperamento, della propria mentalità e della propria visione del mondo, prende dai Vangeli quel che più gli aggrada e interpreta la figura di Gesù a modo proprio.

Come tutti sappiamo, nel nome di Gesù si sono aperti lebbrosari e si sono compiuti i più orrendi massacri. È dunque necessario salvare Gesù dai suoi interpreti, non per tentare, troppo ingenuamente, di restituirgli una sua immaginaria autenticità, ma per restituirgli la sua complessità, la sua inquietante ambiguità, che legittima le interpretazioni più diverse e persino contrastanti. In effetti, quando sentiamo qualche cristiano che tenta di puntellare le proprie affermazioni con un "Perché Gesù ha detto ecc.", ci viene sempre in mente di replicargli: "Però Gesù ha detto anche ecc.". E, di questo passo, non si finisce più. Probabilmente, proprio l'ambiguità e pluralità di senso dei discorsi attribuiti a Gesù hanno permesso che egli potesse avere così tanti seguaci, dagli orientamenti spirituali più differenti e talora incompatibili, ciascuno dei quali ha trovato nella sua predicazione quello che più si

adattava ai propri bisogni e anche ai propri pregiudizi. Non molti decenni fa un movimento
politico-militare di estrema destra 'cristiana' si
legittimava invocando le parole di Gesù: "Non
crediate che io sia venuto a portare pace sulla
terra: sono venuto a portare non pace, ma spa-
da!" (Mt, 10,*34*). Si possono immaginare tutte le
acrobazie interpretative che sono state compiute
su questa frase da parte dei cristiani 'irenistici' e,
per converso, la sua assunzione letterale da parte
dei cristiani variamente 'guerrieri'. Ovviamente,
ogni cristiano si ritaglia una figura di Gesù che è
omogenea alla sua sensibilità e alle sue idee ge-
nerali sulla società e sul mondo. Pensiamo a
quanto è stato tirato da tutte le parti il suo "Date
a Cesare quello che è di Cesare e a Dio quello
che è di Dio"[2].

Ma, al di là dell'eterno conflitto delle interpretazioni, ci sono delle costanti nella predicazione
di Gesù che la caratterizzano in modo unico e
specifico, distinguendola da quella di tanti altri
volontari o involontari fondatori di religioni:
prima fra tutte la sua opposizione a tutto ciò
che, nella sua epoca e nel suo ambiente, si può
definire 'religione'. Egli pone l'individuo, con la
sua libertà e responsabilità, direttamente dinanzi
al Padre che sta nei Cieli, senza le mediazioni
della Legge, del 'già detto', delle usanze, delle

consuetudini. Ma ciò non gli impedisce di presentarsi ai suoi ascoltatori come il culmine di un processo storico che inizia con la legge di Mosé e si sviluppa attraverso la parola dei Profeti: "Non pensate che io sia venuto ad abolire la Legge o i Profeti; non son venuto per abolire, ma per dare compimento. In verità vi dico: finché non siano passati il cielo e la terra, non passerà della Legge neppure un iota o un segno senza che tutto sia compiuto. Chi dunque trasgredirà uno solo di questi precetti, anche minimi, e insegnerà agli uomini a fare altrettanto, sarà considerato minimo nel regno dei cieli. Chi invece li osserverà e li insegnerà agli uomini, sarà considerato grande nel regno dei cieli" (Mt,5,*17-19*)[3].

Qui sembra essere il Gesù 'buon ebreo' che parla, perfettamente rispettoso della Legge e dell'insegnamento dei Profeti, ancorché quel 'dare compimento' rimanga abbastanza enigmatico, tanto più che Gesù non esorta i suoi seguaci a farlo, ma dichiara di essere lui stesso, in prima persona, a portare tale compimento. Che cosa, poi, significhi 'dare compimento' alla Legge e ai Profeti è questione molto dibattuta tra gli specialisti e aperta a molteplici interpretazioni. Che significa? Che la Legge è incompleta o incompiuta senza la parola 'nuova' di Gesù e che i

Profeti attendono da lui l'adempimento delle loro profezie? Io avanzerei, temerariamente, l'ipotesi che 'dare compimento alla Legge' significhi portarla nel cuore dell'uomo, vale a dire interiorizzarla, piuttosto che considerarla una norma esterna a noi per regolare ed eventualmente sanzionare i nostri comportamenti. Per fare un paragone grossolano: nella società attuale nessuno potrebbe dire di aver 'interiorizzato' il Codice Penale, che rimane inevitabilmente un insieme di norme 'esterne' a noi, mentre molti possono dire di aver interiorizzato il comandamento "Tu non ucciderai" in quanto lo percepiscono come voce e imperativo della propria coscienza morale. In secondo luogo 'dare compimento ai Profeti' potrebbe essere inteso come realizzare i loro auspici, e cioè uscire da una 'religione', come fatto istituzionale e sociale, ed entrare nella Fede, cioè nel rapporto personale col Padre che sta nei Cieli.

Gesù può compiere la sua 'rivoluzione' soltanto all'interno dell'ebraismo, perché questo è il contesto storico-religioso in cui vive. Solo chi sbilancia l'interpretazione della figura di Gesù in direzione della sua 'divinità' può immaginare che egli riesca a collocarsi al di fuori di tale contesto, fuori del suo tempo, cioè in una dimensione metastorica e ad agire e parlare come 'sospeso' fuori della sua cultura. Invece, gli elementi rivoluzionari del pensiero e dell'azione di Gesù vanno cercati e scoperti dentro il suo essere, senza residui, un uomo del suo tempo e della sua cultura.

Egli si oppone solo a certi aspetti della sua cultura e dei costumi del suo popolo e quindi può essere definito 'innovatore' solo rispetto ad essi, e non in assoluto. Si potrebbe, dunque, chiamarlo un 'ebreo revisionista', che, però, intende rimanere ebreo (che altro potrebbe essere?) nel momento stesso in cui propone una lettura 'critica' dell'ebraismo, la quale a noi sembra (a noi, ma non a lui) condurlo lontano dall'ebraismo o addirittura fuori di esso. Insomma, Gesù voleva 'portare avanti', conservandola, tutta la tradizione religiosa ebraica. Ed è su quel 'portare avanti' o 'portare a compimento' che si gioca tutta la nostra partita interpretativa. Che significa, infatti, 'portare a compimento'? Quel movimento religioso che, dopo di lui, sarà chiamato 'cristianesimo', rappresenterebbe, per Gesù, un 'compimento-che-conserva' l'ebraismo? Non lo sappiamo.

Sappiamo, invece, che, secondo Matteo, Gesù, quando sta morendo, vede svanire il suo sogno di rinnovamento o di 'compimento'. Egli, infatti, sulla Croce, si sente abbandonato dal Padre e non può sapere che la sua vita e la sua predicazione non sono state vane e hanno gettato il seme di senape su di un terreno fertile. Gesù, sulla Croce, non può sapere che il suo insegnamento sarà raccolto, dopo la sua morte, dai suoi discepoli e seguaci, i quali ne trarranno, per qualche secolo, gli sviluppi più vari e, per lui, inimmaginabili, dai quali, alla fine, nascerà una nuova Chiesa, che fisserà una nuova ortodossia, diversa da quella ebraica e incompatibile con essa (alla quale, invece, Gesù aveva voluto rimanere fedele). Così avverrà il 'decollo storico' del Cristianesimo come nuova religione, organizzata in una Chiesa; e inizierà anche quella sotterranea tensione tra la Parola (di Gesù) e la Chiesa, che, dichiarando di volerla conservare e diffondere, la mescola, nel farlo, col suo contrario e trasforma la 'politica' di Gesù in 'amministrazione', la 'rivoluzione' in prassi codificata. Ma se, così, l'utopia' rivoluzionaria di Gesù è diventata una 'topia', che non mette in discussione l'ordine esistente, tuttavia il granello di senape non si è seccato senza dar frutto e, in seno alle diverse Chiese cristiane, risorgono sempre di nuovo spinte 'rivoluzionarie' che invocano un 'ritorno alle origini', cioè a quel magma incandescente di tensione spirituale, fede, speranza, attesa della imminente *parusìa*, come noi immaginiamo il cristianesimo primitivo. E l'aspirazione a un 'ritorno alle origini' segnerà, nel trascorrere dei secoli, ogni sforzo di rinnovamento dentro o anche contro la Chiesa, le Chiese, nel presupposto che, col trascorrere dei secoli, il messaggio originario, di cui le Chiese si dichiaravano depositarie e vocate a trasmetterlo, si è corrotto, illanguidito, quasi estinto.

La Fede e l'Istituzione

Gesù di Nazareth, abbiamo detto, era un buon ebreo, sebbene non conformista, animato dalla volontà di riformare e completare l'ebraismo in direzione dell'interiorità (del rapporto personale con Dio), liberandolo da tutti gli elementi formalistici, prescrittivi e proscrittivi, di carattere 'istituzionale', che ne avevano, col tempo, soffocato lo spirito originario: quello che vive nella parola dei Profeti. Dunque, non solo, com'è stato ripetuto fino alla noia, Gesù non aveva alcuna intenzione di fondare una nuova religione, ma la sua predicazione andava contro l'idea stessa di 'religione', come sistema organizzato di credenze e di norme da osservare, sotto la supervisione e il controllo di una casta di sacerdoti.

Tuttavia, dalla sua predicazione è scaturita precisamente una nuova religione che, col tempo, avrebbe assunto (specie nella Chiesa Cattolica Romana) i caratteri di una degenerazione politeistica, idolatra e superstiziosa dell'ebraismo. Allora, - mi verrebbe da dire, - tanto valeva tenersi quell'antica religione che Gesù aveva tentato di riformare.

Ma perché la Storia ha preso questa piega? Forse perché la Storia ha trionfato contro quella che Gesù proponeva come 'anti-Storia'.

Io credo che il 'fallimento' di Gesù non possa essere spiegato in puri termini religiosi, poiché rientra in una regola, una specie di 'costante storica', per la quale ogni spinta innovativa finisce presto per cristallizzarsi e congelarsi in una Istituzione, la quale, mentre proclama l'intenzione di preservare e tramandare la spinta rivoluzionaria originaria, in realtà, poi, la spegne e la mummifica. Se fossimo più o meno consapevolmente hegeliani, diremmo che la Storia e l'Istituzione (rigorosamente scritte con l'iniziale maiuscola) sono la via necessaria e inevitabile dello svolgimento dello Spirito. Ma il Gesù che parla nei Vangeli non sembra affatto un filosofo idealista-storicista, preoccupato di 'giustificare' l'esistente in quanto esistente. Vi ricordate quel passo hegeliano dove vengono sbeffeggiati coloro che invocano un diverso dover essere delle cose, ai quali Hegel oppone l'argomento secondo cui le cose sono sempre come *devono* essere? Insomma, la razionalità del reale. No, Gesù, quel Gesù che ci è raccontato dai Vangeli, non era hegeliano. E probabilmente avrebbe respinto, con la violenza di cui era capace dinanzi al Male, l'idea che la storia dell'umanità dopo di lui, dovesse essere inevitabilmente uguale a come era stata prima di lui. E ancor più che il suo insegnamento generasse una Istituzione (anche perché predicava l'imminenza della Fine dei Tempi).

Ci è stato insegnato che la definizione della realtà, la posizione di valori, l'invenzione di significati, e la trasmissione di tutto questo attraverso il tempo, sarebbero impossibili senza Istituzioni. Che si tratti della famiglia, della Chiesa, dell'esercito o della mafia, l'Istituzione è il luogo in cui la volontà del singolo è sottoposta, non tanto a restrizioni, quanto piuttosto a *norme di attuazione*, grazie alle quali ciò che si dava come potenzialità assoluta, e però astratta, diventa attualità condizionata e concreta. Qui interessano soltanto quelle Istituzioni che proclamano di fondarsi su di una dottrina e su valori condivisi, e che hanno, come scopo dichiarato e manifesto, quello di conservarli, di diffonderli e di tramandarli (*traditio*). Essi, infatti, argomenta l'Istituzione, sarebbero destinati a disperdersi e a dissiparsi, o addirittura a pervertirsi, se l'Istituzione venisse meno e tali valori rimanessero affidati ai singoli soggetti empirici (per usare una comica terminologia idealistica).

Ora, tuttavia, ci imbattiamo in un paradosso, segnalato da tempo immemorabile: l'Istituzione, come tale, non può perseguire, ma solo proclamare, *come suo fine primario*, la verità, la bontà, la bellezza eccetera. Se lo facesse, si condannerebbe rapidamente alla dissoluzione. Perciò il fine primario dell'Istituzione diventa, di necessità, l'autopreservazione. E ai suoi membri non è consentito perseguire *incondizionatamente* i fini proclamati dall'Istituzione stessa come ragioni della sua esistenza. Nello stesso tempo l'Istituzione asserisce l'impossibilità di perseguire tali fini al di fuori di sé (*Extra Ecclesiam nulla salus*).

Dunque le Istituzioni hanno la necessità di porre ai loro membri condizioni vincolanti: in primis, e più o meno esplicitamente, quella che la ricerca e l'affermazione delle verità e dei valori proclamati come propri dall'Istituzione non mettano a rischio la sopravvivenza dell'Istituzione medesima. Ecco perché le Istituzioni di questo genere sono inevitabilmente luogo di conflitti e di mediazioni (nonché, beninteso, di scismi e di eresie, con la successiva creazione di nuove Istituzioni eretiche o scismatiche). Ma va anche detto che queste Istituzioni non potrebbero sopravvivere nella Storia, se non accettassero una 'dose ottimale e sostenibile' di pensiero critico e innovativo nel proprio seno (includo in questo tipo di pensiero anche il ricorrente affacciarsi di correnti che propugnano il 'ritorno alle origini' o il ritorno alla fedeltà al pensiero del Fondatore: vedi, per esempio, il motivo del 'ritorno a Freud' in talune correnti lacaniane).

La solitudine di Gesù

Chi non potrebbe amare il personaggio di Gesù (storico o romanzesco che sia), quale emerge dalla narrazione dei Vangeli? Questo ragazzo di Galilea, di origini semplici, che, ancor fanciullo, viene catturato da una forza superiore, strappato al mondo ingenuo e spensierato dell'infanzia e, invaso da una visione profetica, si dedica totalmente a diffonderla fra i suoi concittadini, peregrinando, poi, senza sosta per tutte le strade e le contrade della terra d'Israele. Ci intenerisce, in particolare, nel Gesù ormai giovane adulto, il permanere di quel suo tratto adolescenziale, che si esprime nella radicalità e nell'estremismo delle sue idee, in duello con quelle dominanti nel suo mondo. E quel suo tono severo e a tratti imbronciato, con il quale si rivolge persino a sua madre, rivendicando il primato della sua missione su ogni cosa: anche sui vincoli familiari (Mt, 12, *46* e segg.).

Lo vediamo andare e predicare, conquistare le folle, ma alla fine essere abbandonato da tutti, e ritrovarsi, solo e smarrito, sulla Croce del supplizio, dove, come in un improvviso, atroce risveglio da un sogno allucinato, rivolge al Cielo quella straziante domanda, "Dio mio, Dio mio, perché mi hai abbandonato?", con cui si apre il salmo XXI, di David (o il XXII, secondo un'altra numera-zione). E queste, bisogna ricordarselo sempre, sono, secondo Marco e Matteo, le ultime parole pronunciate da Gesù prima di morire. Soltanto Luca (23,*46*) ne dà una versione del tutto diversa: "Gesù, gridando a gran voce, disse: 'Padre, nelle tue mani rimetto lo spirito mio' ". In Giovanni, poi, Gesù sulla Croce mostra di aver sempre saputo quale sarebbe stato il suo destino, conforme al compimento della Scrittura, e le sue ultime parole sono semplicemente: "È compiuto" (Gv,19, *28-30*). Come dire, con tutto il rispetto possibile, che il Gesù di Giovanni conosce in anticipo 'il copione' e rispetta, fin nei dettagli, il ruolo e le azioni che tale 'copione' gli assegna.[4]

Ora, com'è ovvio, nessuno ha potuto ascoltare le ultime parole di Gesù sulla Croce (se mai le ha pronunziate), sicché quelle riferite dagli evangelisti sono congetture o invenzioni. Tuttavia le differenti versioni presenti nei Sinottici corrispondono, ciascuna, alle differenti 'intenzioni narrative' dell'evangelista, cioè al modo in cui ciascuno degli evangelisti ha voluto interpretare e narrare la vicenda del figlio del falegname.

Queste differenti interpretazioni, a una lettura non frettolosa e non superficiale dei testi, entrano, se non in opposizione, almeno in tensione l'una con l'altra: tra la rappresentazione di un Gesù che, smarrito e sconvolto, va incontro a una fine crudele e inaspettata, e un Gesù che procede, sia pure soffrendo, verso il compimento di un piano provvidenziale a lui in qualche modo noto sin dall'inizio. Del resto, persino all'interno del medesimo Vangelo (per esempio, in quello di Matteo) si alternano parti in cui Gesù è inconsapevole della Croce che lo attende e parti in cui egli pre-sente, pre-vede e pre-annuncia, più o meno apertamente, il proprio destino futuro. Possiamo quindi immaginare quanto sia stato difficile e laborioso, per gli evangelisti, tessere una narrazione che mantenesse un qualche equilibrio tra l'immagine di un Gesù uomo, ispirato e profetico, ma non dotato di prescienza riguardo al futuro della sua missione, e un Gesù che, per così dire, si sottomette consapevolmente al piano provvidenziale di Salvezza voluto dal Padre e a lui noto. Da un lato, la percezione di sé come figlio del falegname, dall'altro la consapevolezza di essere l'Agnello di Dio che, col suo sacrificio, porta la Salvezza al genere umano.

Con le parole di disperazione di Gesù per l'abbandono da parte del Padre, riferite da Matteo, termina, per ogni lettore non cristiano, la possibile verità storica della narrazione evangelica della vita di Gesù. Invero, se il Padre Celeste sembra essere assente al momento della sua morte, il padre terrestre di Gesù è costantemente, clamorosamente assente nella sua vita adulta. La madre, come si è accennato, viene episodicamente menzionata e così pure i suoi fratelli, ma del nome del padre, dopo la nascita e la prima infanzia, non v'è più traccia. Il padre che, invece, accompagna - evocato di continuo - tutta la vita di Gesù è il Padre che sta nei Cieli. Certo, come far coesistere due padri per uno stesso figlio? Ma almeno un fugace cenno a Giuseppe, una breve allusione, almeno questo, il lettore se lo potrebbe aspettare. Sì, certo, coloro che hanno scritto i Vangeli dovevano sottolineare la paternità divina di Gesù, ma, da parte di

Gesù, un riconoscimento a colui che, bene o male, gli ha fatto da padre su questa terra non avrebbe stupito. E invece i Vangeli, a parte le note vicende della nascita di Gesù e della sua primissima infanzia, traboccano...dell'assenza di Giuseppe. Un'assenza del tutto irrealistica e, per così dire, 'predeterminata', sì da farci supporre che, nella composizione dei Vangeli, la vita di Gesù sia stata manipolata per adattarla alla nascente dottrina dei suoi seguaci. Insomma, ben presto 'il figlio del falegname' è diventato il figlio di Dio e poi il Dio Incarnato.

No, nessuna creatura umana delle qualità di Gesù avrebbe potuto dimenticare del tutto il proprio padre, carnale o putativo che fosse, nel mentre menzionava la madre e i fratelli. Quindi questa 'assenza' non può che essere funzionale agli intenti perseguiti dagli evangelisti. Una delle tante 'manipolazioni' della vita, delle parole e delle opere di Gesù, in funzione della narrazione che, dopo la sua morte, i suoi discepoli avevano bisogno di costruire, in armonia con le credenze che già si andavano addensando intorno alla figura di Gesù.

Ma, se si imbocca la strada della verità storica contenuta nei Vangeli e nella vita di Gesù da essi narrata, si entra in un labirinto infinito di interrogativi senza risposta. Noi siamo ragionevolmente sicuri che Gesù sia realmente esistito, ma chi fosse, che cosa abbia detto e fatto rimane assai incerto, per chi non abbia la fede cristiana. Tuttavia, il personaggio consegnatoci dai Vangeli è, senza alcun dubbio, la figura più sconvolgente e seducente tra tutte quelle dei fondatori, volenti o nolenti, di religioni. (Come vedremo più avanti, tutta la predicazione di Gesù è l'attacco più radicale che sia mai stato compiuto fino ad allora all'idea stessa di 'religione', in direzione di una Fede che è, innanzitutto, rapporto personale, e non mediato, con il Padre che sta nei Cieli, ma, per una sorta di paradosso storico-teologico, la Fede-nel-Padre, che Gesù propone e proclama ininterrottamente, verrà, dopo di lui, 'oltrepassata', in molti dei suoi seguaci, dalla Fede-in-Gesù-Cristo.) Certo, in molti di questi fondatori di religioni possiamo identificare tratti comuni (condivisi magari anche con altri saggi e filosofi del Modo Antico e dell'Oriente), che si riassumono in una scala di valori comuni (l'onestà, la misericordia, la temperanza, la rettitudine eccetera). E negli antichi filosofi greci possiamo anche trovare non solo la critica (per esempio, in Epicuro) ma persino la derisione (in Senofane) della religione vigente, alla quale viene opposta una visione razionale del mondo e dell'uomo. D'altro canto, la religione (o un suo equivalente) è stata, per millenni, un elemento essenziale di qualsiasi sistema sociale. È nota, in proposito, l'osservazione di Plutarco: "Se viaggi, potrai incontrare città prive di mura e illetterate; città che non hanno re e non hanno edifici, che non hanno ricchezze e non conoscono l'uso della moneta, prive di teatri e di palestre. Ma una città senza templi e senza dèi, che non pratichi preghiere, giuramenti, divinazione e sacrifici per impetrare i beni e stornare i mali, nessuno l'ha mai vista né mai la vedrà" (*Adversus Colotem*, XXXI, 4-5).

I sociologi moderni hanno studiato in profondità le funzioni manifeste e latenti della religione come fattore di coesione delle società. Ma Gesù non era un sociologo e non gli importava un bel nulla della conservazione della società a cui apparteneva, anche perché imminente era la Fine dei Tempi (a questa fine imminente hanno creduto sinceramente i suoi primi discepoli, gli apostoli e, in generale, i cristiani del primo secolo, ma, poi, i Padri e i Dottori della Chiesa sono stati costretti, visto che il mondo non ne voleva sapere di finire, a dare raffinate interpretazioni della profezia-previsione di Gesù, in modo che non risultasse smentita dal perdurare della Storia).

Dicevamo che Gesù ha in comune con molti antichi filosofi e fondatori di religioni un ideale etico particolarmente elevato, ma la sua predicazione è ben di più e ben altra cosa: la sua parola sovverte e capovolge letteralmente tutto ciò che è sempre stato considerato "naturale" nei sentimenti e nei comportamenti umani. Sovverte dunque innanzitutto le abitudini di pensiero e di comportamento consolidate e sovverte la valutazione delle diverse condizioni umane di infelicità e di miseria. Quale altro fondatore (magari suo malgrado) di religioni ha mai chiesto ai suoi seguaci di amare i loro nemici, di benedire coloro che li maledicono o ha chiamato 'beati' gli afflitti, gli assetati di giustizia, i perseguitati? In questo suo contrapporsi alle inclinazioni 'naturali' degli uomini e nel predicare, contro la 'natura', una scala di valori impossibile da rispettare, Gesù ci invita a comportarci non come ci vi viene spontaneo, seguendo le nostre inclinazioni 'naturali', ma secondo i princìpi da lui indicati, che possono essere del tutto in contrasto con le nostre inclinazioni 'naturali': e questo è un modello culturale inedito nella storia del mondo (persino i filosofi stoici si 'limitavano', per così dire, a propugnare il dominio delle passioni e del desiderio, - *sustine et abstine*, - ma Gesù si spinge ben più in là). Per questa via

Gesù intende 'convertire' i suoi ascoltatori a una nuova e inedita visione di sé stessi, della vita, delle sue vicissitudini e traversie, sì da produrre un nuovo genere di uomo, mai apparso prima nella storia del mondo, un uomo del tutto emancipato dalle proprie inclinazioni 'naturali' e dal senso comune. Certo, anche la valorizzazione dell'uomo 'naturale', che segue i propri istinti e impone la propria volontà con la forza e con la violenza, è inevitabilmente un prodotto culturale (nei nostri tempi il Nazismo ne fu un esempio).

Non potrebbe essere altrimenti, giacché la specie umana è l'unica specie animale biologicamente programmata per produrre 'cultura' (cioè norme, valori, modelli di comportamento) e per insegnare ai propri cuccioli ad adeguarsi alla cultura in cui nascono (processo di inculturazione, come viene chiamato dagli antropologi). Perciò quando diciamo che Gesù propone un modello di uomo che orienta la propria vita in senso anti-naturale, intendiamo dire che propone una 'cultura' che ripudia il seguire, da parte dell'uomo, le proprie inclinazioni 'naturali' e rifiuta altresì la legittimazione culturale di tale modello di vita. Giacché, come sarà più tardi teorizzato dalla teologia cristiana, l'uomo è, 'per natura', inclinato al male (o, in ter-mini moderni e laici, un "legno storto"); perciò Gesù rigetta ogni cultura che legittimi convinzioni, sentimenti, emozioni, comportamenti col solo argomento che essi sono 'naturali' nell'uomo. Ma rigetta altresì ogni forma di 'religione', nella misura in cui essa ponga in primo piano, anziché il rapporto personale con il Padre e il compimento della sua volontà, l'obbedienza a norme, precetti, regole, riti, consuetudini eccetera. Queste seconde 'obbedienze' non vengono rifiutate da Gesù, ma collocate nettamente in secondo piano rispetto alla purezza del cuore e alla capacità di amare.

Quest'opera rivoluzionaria, per potersi compiere dentro di noi, richiede un'assoluta intransigenza nella fedeltà ai quei princìpi che Gesù enuncia e propone come validi *con la sola forza della sua parola* ("È stato detto ecc., è stato scritto ecc., *ma io vi dico* ecc."). Io vi dico e voi dovete credere alla verità di ciò che vi dico perché dovete credere in me. Dunque l'adesione a questi princìpi, a questi comandamenti, l'accoglimento della verità della parola di Gesù transita per la totale fiducia *nella persona* di Gesù. È la sua persona vivente che si fa parola, testimoniandone, con la propria esistenza, la verità. Infatti Gesù, sebbene non si opponga esplicitamente al contenuto della Legge, non ha bisogno di ricorrere né ad argomentazioni logiche né all'appoggio di una tradizione o di una legge scritta per sostenere o corroborare la propria re-interpretazione della Legge o la radicalizzazione, in direzione dell'interiorità, dei comandamenti etici vigenti nella sua comunità. Egli propone *solo sé stesso* come - se si potesse usare questo termine - 'portavoce' del Padre; e propone ai suoi ascoltatori la propria soggettività storica (e, per i cristiani, anche meta-storica) di Figlio del Padre come scaturigine e garanzia della verità della propria predicazione: "Io sono la via, la verità e la vita; nessuno viene al Padre se non per mezzo di me" (Giovanni, 14,*6*). Forse anche per questo è stato detto tante volte che il cristianesimo non è una dottrina, ma l'adesione totale (della mente e del cuore) alla persona del Cristo. Ecco perché, ripensando al versetto di Giovanni, or ora citato, il lettore 'ingenuo' del NT rimane sbigottito dinanzi al debordante culto mariano e dei santi praticato dal Cattolici Romani, i quali, invocano, di continuo, l'"intercessione della Beata Vergine Maria" e di una sterminata schiera di santi, come se si trattasse di chiedere una 'raccomandazione' per poter parlare col titolare di un Ministero. Perché non parlano direttamente con Gesù? Perché questo bisogno di moltiplicare le 'potenze' del Cielo, come intermediari, quando

Gesù stesso invita i suoi seguaci a rivolgersi al "Padre Nostro che è nei Cieli" per mezzo della fede in Gesù? Il non cattolico fiuta tracce di un residuo politeismo pagano, sapientemente disciolto nell'acqua santa. Certo, la Chiesa di Roma ha dovuto lottare assai più delle Chiese dell'Europa Settentrionale contro un coacervo di credenze e superstizioni, solidamente radicato nell'antico mondo greco-romano; e non ha potuto compiere il delitto perfetto della uccisione del politeismo, dell'idolatria e delle superstizioni pagani senza lasciare dentro di sé tracce e indizi di quel 'delitto' storico. Di qui lo sgomento che il lettore ingenuo e non credente prova allorché paragona la vita e la predicazione di Gesù con le 'pratiche religiose' dei seguaci della Chiesa di Roma. Forse perché, come osserva Nietzsche (che odia e disprezza il cristianesimo, ma, a suo modo, rispetta la figura di Gesù), "La Chiesa è esattamente ciò contro cui Gesù predicò e contro cui insegnò ai suoi discepoli a combattere" (*La volontà di potenza*).

Il *Sermo de Monte* tra consolazione e sogno: il mondo 'rovesciato' delle beatitudini (Matteo, 5, *1-12*)

Il *Sermo de Monte*, che tra poco esploreremo più in dettaglio, deve una parte importante della sua forza suggestiva, che affascina anche le menti di chi non è né cristiano né seguace di alcuna religione, non tanto al fatto di chiamarci alla perfezione morale, bensì al suo proporci l'impossibile come possibilità data a tutti. Infatti la prima reazione, ingenua e spontanea, al suo invito, per esempio, ad amare i nostri nemici e a benedire chi ci maledice è "Ma come si fa? Questo non è possibile". E, invece, Gesù proclama la possibilità, per ciascuno di noi, di realizzare l'impossibile. Ci propone, in altre parole, come accessibile a tutti noi, la possibilità di realizzare una infinita capacità di amore, come il dio dell'amore e della misericordia senza limiti: *Deus charitas est* (*Prima Lettera di Giovanni* ,4, *8*). È, se si vuole, con parole forti, l'invito a far diventare divina l'anima umana, come unica alternativa alla sua abiezione. Non ci sono condizioni intermedie accettabili: o essere perfetti come il Padre o essere degni della Geenna del fuoco. Così, la distanza tra "il Padre" e l'uomo viene vertiginosamente ridotta, nel senso che il Padre diventa il modello possibile da imitare. E fare come Lui è proclamato alla portata di ciascuno di noi. Questa certezza presuppone la fede nella Persona di Gesù, la fede, quindi, nel suo essere la Verità vivente, e la certezza che la volontà di ciascuno di noi può renderci perfetti.

Ma seguiamo più da vicino quell'autentico pilastro della civiltà occidentale che può essere considerato il *Sermo de Monte* (o Discorso della Montagna), tentando di cogliere almeno qualche spunto della sua ricchezza di rappresentazioni, inedite nella storia del mondo.

La lettura di questa parte essenziale della predicazione di Gesù deve, una volta messa da parte una interpretazione religiosa del testo, muoversi su due livelli: quello dell'individuo e quello della società. Ed ecco che, accantonando l'eventuale valore di verità letterale delle parole di Gesù, si intravede il loro valore 'pratico' cioè la loro capacità di giovare all'individuo e al gruppo promuovendo il benessere psichico nel primo e una convivenza armonica nel secondo. Va aggiunto che ciascuna delle enunciazioni delle beatitudini, si presenta come un enunciato fattuale (quasi, cioè, una semplice constatazione di ciò che accade necessariamente), mentre, in realtà, è diretta a una folla che si aspetta di essere istruita e guidata, e assume quindi il carattere o di consolazione o di implicita esortazione alla perfezione morale, cioè intende promuovere nell'ascoltatore un mutamento di atteggiamento e di comportamento.

Infine, non bisogna mai dimenticare che ciascuna delle 'beatitudini' si apre proclamando 'beati' (*makàrioi*) tutti coloro che soffrono o sono manchevoli di qualche cosa. Perché proclamarli 'beati'? Non era sufficiente promettere loro la ricompensa celeste o terrena, o, comunque, l'uscita dalla loro condizione di mancanza, di dolore, di oppressione? Che cosa vuole dirci Gesù con questo brusco e quasi violento rovesciamento dell'opinione comune, che considera costoro come infelici e sfortunati?

Cominciamo dalla prima beatitudine: "Beati i poveri in spirito, perché di loro è il Regno dei Cieli". Mettiamo tra parentesi o anche neghiamo la verità di questa affermazione, neghiamo perfino che esista un Regno dei Cieli e supponiamo che tutta la vicenda umana si esaurisca sulla Terra. Ma proviamo a immaginare l'impatto di questa affermazione di Gesù su quelli che, a differenza di noi, credono nel Regno dei Cieli. Gesù ti dice che, se sarai povero nello spirito (cioè distaccato dai beni materiali), avrai in premio il Regno dei Cieli. Il distacco dai beni materiali è una esortazione che attraversa molta parte della filosofia e della saggezza precristiane (per tacere del buddismo); è quasi una ovvietà di buon senso rilevare che chi è distaccato dai beni materiali, e sceglie di essere 'povero nello spirito ', si risparmia una grande quantità di pene. Il miraggio della massima ricompensa oltremondana non fa che rafforzare enormemente questa esortazione, offrendo all'ascoltatore una motivazione potente per aderire all'implicito 'invito'. Del resto, anche in termini tutti terreni di aritmetica del piacere, si può constatare che l'attaccamento alle cose è fonte più di dolore che di gioia (più avanti parleremo dell'attaccamento alle persone).

La seconda beatitudine ("Beati quelli che sono afflitti, perché saranno consolati") dà una consolazione immediata a chi è afflitto: la consolazione di sapere che sarà consolato! È, questa, una sorta di potente paradosso logico o, se si vuole, di profezia che si adempie nel momento stesso in cui viene pronunciata. Si adempie su questa terra, prima di tutto. Siccome nel consorzio umano non sono mai mancati né mai mancheranno numerosi 'afflitti', e ciascuno di noi è stato più volte in tale condizione nel corso della propria vita, Gesù, con queste parole, punta direttamente al nocciolo dell'infelicità umana offrendo un immediato sollievo. L'elevare a livello di 'beatitudine' l'afflizione, così come le altre condizioni evocate nel *Sermo de Monte*, è una sorta di straordinario artifizio, logico e retorico insieme, che rovescia, senza mediazione alcuna, il sentire comune riguardo alla condizione umana e propone un punto di vista sulla vita, sul dolore e sulla morte, che sottrae questa triade al rischio della disperazione, offrendo, più che una speranza, la certezza che la verità è l'opposto di ciò che appare. "Sventurati gli afflitti!" esclama il senso comune, ma Gesù, si diceva, rovescia, per così dire, il mondo, proclamando beati tutti coloro che il senso comune considera sventurati. È vero che, per innalzare i cuori dei suoi ascoltatori (*sursum corda!*) ed effondere la sua *consolatio*, Gesù deve far leva sul Regno dei Cieli, ma l'effetto importante è l'immensa consolazione che le sue parole spandono sulla folla che lo ascolta.

In questa prima parte del *Sermo de Monte* Gesù non adopera esplicitamente la formula (altrove ricorrente): "È scritto (o 'è stato detto') eccetera, *ma io vi dico* eccetera", proponendo la propria parola come ciò che contrasta e innova i luoghi comuni, ma, di fatto, l'opposizione della sua parola alla *communis opinio* (e, si potrebbe aggiungere, alla 'saggezza del mondo') è la cifra che connota tutto il discorso delle beatitudini.

"Beati i mansueti, perché erediteranno la terra" proclama Gesù. E qui non c'è un diretto ed esplicito intento consolatorio rivolto a persone sofferenti, bensì un'apertura verso la più vasta comunità umana, con l'intento di far capire a tutti che i mansueti, che evidentemente non sono già i signori del mondo, un giorno lo saranno.

Con queste parole viene valorizzato il buon esempio e stimolata l'emulazione da parte di coloro che mansueti non sono ancora, in vista della costruzione di una comunità umana dove regni la mansuetudine. Sebbene la ricompensa per i mansueti sia rinviata a un futuro indeterminato, la certezza del loro trionfo finale non è meno salda. In questa beatitudine sembra essere in gioco, più che il Regno dei Cieli, la vita sopra questa terra; e la beatitudine appare come una promessa il cui adempimento nel futuro dipenderà soltanto dalla buona volontà degli uomini. In altre parole: "Se diventerete mansueti, erediterete la terra". Chi potrebbe respingere la prospettiva di una comunità umana popolata di mansueti? Ma la forza delle parole di Gesù, rispetto ad altre esortazioni laiche alla mansuetudine, sta nella loro carica profetica, nella 'promessa' di ereditare la terra. È questo ciò che dà forza all'implicito invito alla mansuetudine: la certezza della sua ricompensa terrena.

Secoli e secoli dopo Gesù, ci furono altri 'profeti' (da lui ispirati o del tutto 'laici') che previdero e promisero un futuro in cui i reietti della Terra sarebbero stati liberati dalle loro catene di oppressione, di ingiustizia, di miseria, di disperazione. Ma, per quel che ne so io, la promessa di Gesù fu il primo esempio e il modello di tutte le successive 'profezie' di questo genere. Va sottolineato, tuttavia, che la specificità della promessa di Gesù, è che essa si apre proclamando la beatitudine di colui che, nel presente, soffre, giacché a lui sarà certamente dato ciò di cui oggi manca. Dunque, Gesù non si limita a promettere l'uscita futura da una condizione di sofferenza e di infelicità, ma trasforma questa dolorosa condizione in una sorta di 'privilegio' per coloro che in essa si trovano.

"Beati quelli che sono affamati e assetati di giustizia, perché saranno saziati". Di nuovo, una condizione di infelicità riceve la più potente delle consolazioni poiché diventa, nelle parole di Gesù, la premessa della propria cancellazione. E dunque l''opinione del mondo' viene confutata e rovesciata nel suo contrario. Non è beato chi è appagato perché gli è stata resa giustizia, ma chi, di tale giustizia, ha fame e sete. Qui non è detto quando e dove si compirà la promessa di Gesù, ma sembra ragionevole pensare che il riferimen-

to sia al Regno dei Cieli, sebbene l'indetermina-
tezza spaziotemporale possa agire come ulteriore elemento suggestivo sull'ascoltatore facendo-
gli sperare che non si debba attendere la fine dei
tempi per avere giustizia.

"Beati i misericordiosi, perché a loro misericordia sarà fatta". Anche qui il tempo e il luogo
della ricompensa non vengono indicati, ma si
valorizza, comunque, attraverso l'evocazione di
una ricompensa uguale al merito, la disposizione
interiore verso la misericordia, ponendo un'altra
pietra della costruzione di una comunità umana
migliore, formata di individui mansueti e misericordiosi. Invero, non è detto da chi sarà fatta
misericordia ai misericordiosi, se dal Padre nel
giorno del Giudizio o dai loro simili, durante il
pellegrinaggio terreno.

L'esperienza umana dovrebbe dimostrare che,
in questo mondo, non è una regola che i misericordiosi ricevano a loro volta misericordia:
d'altra parte, le parole di Gesù, proprio perché
non fanno esplicito riferimento a una misericordia nell'al di là, eludono il terreno delle
facili promesse ultraterrene (che presuppongono
già, nel destinatario, una solida fede), e 'inven-
tano' (e questo è un autentico colpo di genio
linguistico e logico) un 'terzo tempo', per così
dire, che non è né il tempo storico di un futuro

puntualmente determinabile né il 'tempo eterno' che avverrà alla fine dei tempi. È in questo 'terzo tempo', in questo *medium* che non sta né nella Storia né nell'Eternità, che Gesù colloca la sua promessa profetica. In generale, l'uso di un futuro cronotopicamente inde-terminato sottrae la parola di Gesù al registro banale della promessa umana e realizza, piuttosto, una soppressione del tempo 'cronico', quasi a voler dire che l'ordine temporale in cui si compirà la promessa profetica, è un ordine del tutto diverso da quello vissuto finora dai suoi ascoltatori.

Questo ordine temporale nuovo deve ancora *avvenire* ed è inaugurato proprio dalla promessa profetica di Gesù. *Gesù dunque crea una dimensione temporale inedita (e salvifica!)* che oltrepassa la comune esperienza umana del tempo, evitando anche il facile rinvio a un dopo (il Regno dei Cieli) fin da ora definito e immaginato, ed evocando, invece, un futuro *che è da compiere e da vivere come radicalmente altro rispetto ai tempi fin qui conosciuti e sperimentati dagli uomini.* Ci ricorda, *ex contrario*, l'incipit di tutte le fiabe, "C'era una volta", qui rovesciato in "Ci sarà un tempo in cui ecc.". Qui c'è la promessa-profezia di una futura rigenerazione del mondo e dell'umanità, su questa terra.

Nel Mondo Antico la speranza e persino l'attesa del ritorno dell'Età dell'Oro era abbastanza diffusa, ma non si trattava del riscatto dei derelitti e dei perseguitati, bensì del ripristino di un immaginario mondo felice. La differenza, rispetto alla promessa di Gesù, è questa: si diceva 'un giorno ritornerà l'età dell'oro', e gli uomini rimanevano, sofferenti, ad attendere, magari con speranza, l'avvento della nuova èra. Gesù, invece, realizza questo 'tempo nuovo' semplicemente nominandolo; insomma crea, nominandolo, questo 'terzo tempo' rispetto al tempo storico e al tempo 'dopo la fine della Storia'. Ed è un tempo nel quale, come si è visto, le promesse vengono immediatamente adempiute, e l'afflitto è consolato dal pensiero che... sarà consolato!

Dopo Gesù, la promessa di una rigenerazione dell'umanità e del riscatto dei dannati della Terra è stata spesso proclamata dai leader di movimenti 'utopistici' o millenaristici, ma tutti questi movimenti affondano le loro radici nelle promesse di Gesù o in passi dell'Antico Testamento reinterpretati alla luce della predicazione di Gesù.

Il resto delle Beatitudini promette una ricompensa ultraterrena a coloro che su questa terra acquistano meriti con la loro vita virtuosa o subendo ingiuste persecuzioni. Segue poi il richiamo ai suoi fedeli a essere all'altezza della loro missione, che li vuole sale della terra e luce del mondo (5,vv.13-16), e l'esaltazione della perennità della Legge antica, con una critica finale al modo di praticarne l'osservanza da parte degli scribi e dei farisei (5,vv.17-20). Questa critica del 'modo' di osservare la Legge è, a mio parere, di enorme importanza perché marca la differenza tra la 'religione' e la Fede. L'osservanza della Legge che Gesù oppone a quella praticata da scribi e farisei è il trasferimento della Legge da 'norma' a cui sottomettersi a inclinazione dell'animo che dirige le nostre azioni: è quella 'legge dentro di noi' che potremmo chiamare voce della coscienza, interiorizzazione della norma. Essa si riassume nell'abbandono fiducioso alla volontà del Padre, nel nostro completo rimetterci nelle sue mani, qualsiasi cosa ci accada (vedi il Libro di Giobbe). Sono, questi, versetti che riguardano più strettamente i comportamenti che rendono gli uomini degni di entrare nel Regno dei Cieli. I versetti seguenti (5,vv.21-48), invece, riprendono il tema della necessità di superare le opinioni tradizionali, inaugurando un'autentica rivoluzione morale.

Questa rivoluzione morale si esplicita là dove Gesù contrappone dichiaratamente il proprio insegnamento alle norme e ai precetti tramandati. Egli invita a seguire lo *spirito* della Legge, al quale, più che alla lettera, si deve obbedienza. Ma lo 'spirito' della legge non è fuori di noi, nella Legge come 'cosa' esterna, bensì dentro di noi come assimilazione dei valori affermati dalla Legge, giacché, se non si traducono i comandamenti della Legge in valori vissuti e praticati come tali, la Legge rimane un'iscrizione sulla pietra e niente di più. Soltanto seguendo questa linea di condotta si potrà realizzare quella perfezione a cui Gesù chiama i suoi ascoltatori. E infatti, questa parte del *Sermo de Monte* si conclude con l'invito, solo in apparenza paradossale, "Siate perfetti, come è perfetto il Padre vostro celeste". Ma tutta questa parte del Discorso della Montagna (Mt,6,*1-18*) richiama energicamente gli ascoltatori a un confronto unicamente col Padre e con la propria coscienza, senza tener conto dell'opinione e degli apprezzamenti degli altri. E dunque la pratica della giustizia, dell'elemosina e della preghiera avvengano lontano dagli sguardi del mondo e non ne attendano la lode. La relazione personale e, per così dire, segreta col Padre (lontana dagli sguardi degli altri), anziché la esibizione pubblica delle proprie virtù, viene messa al centro della religiosità ("Quando preghi, entra nella tua cameretta e, chiusa la porta,

rivolgi la preghiera al Padre tuo che è nel segreto"; "Quando digiuni, ungiti il capo e lavati la
faccia, affinché non appaia agli uomini che tu
digiuni, ma al Padre tuo che è nel segreto"). E la
preghiera al Padre sia sobria e parca di parole,
giacché il Padre ci legge nel cuore e conosce i
nostri bisogni: di qui l'essenzialità del *Padre Nostro* che Gesù insegna ai suoi ascoltatori.

La sobrietà e l'essenzialità, che Gesù propone
instancabilmente come tratti distintivi e come
'stile' necessario dell'uomo nuovo che deve na-
scere dall'ascolto della sua Parola, hanno una
potente valenza estetica. Interiorità, riservatezza,
semplicità, sobrietà disegnano - voglio dire - un
ideale di uomo che è insieme etico ed estetico,
ovvero nel quale l'etica si fa estetica e viceversa.
Ma c'è di più. Come si sa, Gesù, quando compie
un miracolo (per esempio, quello di guarire un
infermo), raccomanda a quest'ultimo e ai presenti di mantenere il silenzio sulla sua opera. Gli
evangelisti, paradossalmente, hanno dissemina-
to le loro narrazioni di racconti dei miracoli di
Gesù, ma non hanno potuto fare a meno di rife-
rire anche quale fosse, in proposito, la sua volontà.

Perché Gesù non voleva che i miracolati e i
suoi seguaci andassero in giro a raccontare quel
che aveva fatto? Si può pensare che Gesù - a

differenza di molti cristiani - non considerasse i miracoli una 'prova' della verità della sua predicazione. Si doveva aderire alla sua Parola per quel che diceva e del tutto indipendentemente dai suoi miracoli (che, a volte sembra compiere quasi controvoglia). Del resto, Gesù sapeva che il suo mondo pullulava di guaritori e autori di miracoli, i quali 'puntellavano' le loro dottrine con l'esibizione dei loro presunti poteri soprannaturali. E noi sappiamo che in ogni parte del mondo, in ogni 'religione', in ogni società e cultura ci sono sempre state persone ritenute capaci di compiere prodigi, guarigioni miracolose, imprese umanamente ritenute impossibili e così via. No, Gesù non vuole essere come loro, non vuole diventare quello che oggi chiameremmo "un fenomeno da baracconi". I suoi miracoli contano poco o nulla: quel che conta è il suo insegnamento, il suo richiamo a essere perfetti come il Padre che sta nei Cieli (e in molte occasioni Gesù indica in che consiste tale perfezione: essenzialmente, direi, nell'Amore).

Del resto, a parte le motivazioni, or ora enunciate, sul tema della discrezione e del silenzio, del non fare pubblicità né ai miracoli né alle proprie buone azioni, è nota a tutti l'esortazione di Gesù: "Guardatevi dal praticare le vostre buone opere davanti agli uomini per essere da loro ammirati, altrimenti non avrete ricompensa presso il Padre vostro che è nei cieli. Quando dunque fai l'elemosina, non suonare la tromba davanti a te, come fanno gli ipocriti nelle sinagoghe e nelle strade per essere lodati dagli uomini. In verità vi dico: hanno già ricevuto la loro ricompensa. Quando invece tu fai l'elemosina, non sappia la tua sinistra ciò che fa la tua destra, perché la tua elemosina resti segreta; e il Padre tuo, che vede nel segreto, ti ricompenserà" (Matteo 6,*1-6*).

Gesù dà il 'buon esempio' proprio invitando tutti a tacere sui suoi miracoli (e anche riguardo al suo essere "il Cristo": p.es., Mt, 16,*20*; Mc,8, *29-30*). Sul cosiddetto "segreto messianico", cioè sull'ingiunzione da parte di Gesù di tacere sul fatto che egli è il Messia (soprattutto in Marco e in Giovanni), sono stati versati fiumi d'inchiostro da esegeti e teologi.

Ma anche i paradossi pronunciati da Gesù (quelli che alla ragione tradizionale appaiono come tali) hanno una potente valenza estetica, nel senso che distaccano lui e suoi seguaci dalla volgarità e dalla banalità della *communis opinio* in direzione di una nobiltà élitaria, accessibile solo a pochi eletti ("Poiché molti sono i chiamati, ma pochi gli eletti", Mt, 22,*14*). Passo, questo, che, preso alla lettera, rappresenta un autentico rompicapo, sul quale si sono esercitate legioni di esegeti e di teologi. Nulla potremmo aggiungere alle loro dotte e profonde interpretazioni, ma anche un lettore superficiale rimane colpito dalla terribile enunciazione secondo cui solo pochi troveranno la Salvezza. Questo passo sembrerebbe entrare drammaticamente in tensione con la già citata esortazione, rivolta a tutti: "Siate perfetti come il Padre mio, che sta nei Cieli". Sulla salvezza riservata a pochi i Padri e i Dottori della Chiesa sono tutti sostanzialmente d'accordo. A mio parere, il più ingegnoso nell'aggirare l'ostacolo è San Bonaventura, che, nel suo *Breviloquium*, dà una complessa e raffinata interpretazione delle parole evangeliche, che, in qualche modo, ne addolcisce l'asprezza [5].

Il Padre che è nei Cieli (Mt, 5,*27-48*)

Questa parte del *Sermo* contiene due tipi di prescrizioni: quelle riguardanti il comportame-to e quelle (paradossali) riguardanti i sentimenti. Le prime mostrano la contrapposizione di Gesù alla Legge antica, alle norme correnti e, si po-treb-be dire, alle tendenze naturali degli esseri umani.

È questa l'essenza dell'essere cristiano? Non saprei, ma è sicuramente la drastica rottura che l'esser cristiano deve produrre rispetto ai costumi degli uomini, fino ad allora praticati sulla

Terra. È l'inversione, il capovolgimento della cosiddetta "natura umana" ciò che Gesù ci chiede, in vista di una perfezione "contro-natura", giacché la natura umana è corrotta e inclinata al male.

È davvero sorprendente constatare come nella teologia morale e nel magistero della Chiesa Cattolica sia costantemente valorizzato, e proposto come norma, ciò che sarebbe "secondo natura", quando Gesù ha esplicitamente invitato i suoi seguaci ad agire in senso esattamente opposto a quello a cui la cosiddetta "natura umana" li inclinerebbe. L'ordine "naturale" è quello, lo sappiamo, che regna nel mondo animale: dovremmo dunque prendere come modello gli animali per vivere cristianamente?

Quindi l'uomo nuovo, che Gesù ci addita, è, assai più di quello nietzschiano, un autentico superuomo, cioè un uomo che aspira a superare i confini e i limiti dell'umano in direzione del suo modello: il dio dell'amore e della misericordia infiniti. Al nietzschiano "Diventa ciò che sei!" si contrappone qui un "Diventa come il Padre che sta nei Cieli!", cioè tutto Amore.

La domanda, a questo punto, potrebbe essere: che senso e che scopo ha un comandamento ineseguibile? Ma è davvero, nella visione di Gesù, un comandamento ineseguibile? Di-

pende da come viene inteso il Modello a cui a-
deguarsi.

Cercheremo quindi di assumere due posizioni
diverse, a partire dalle quali interpretare le parole
di Gesù. L'una chiama in causa Dio come centro delle argomentazioni di Gesù; l'altra accan-
tona il termine e il concetto di Dio, come estraneo alla predicazione di Gesù, sottolineando come il fulcro dei discorsi di Gesù non sia Dio,
bensì il Padre Nostro che sta nei Cieli: c'è una
bella differenza!

I vv. 38-48 del cap. 5, sono il coronamento, il
culmine del 'crescendo' iniziato col versetto 21.
Porgere l'altra guancia, amare i propri nemici,
benedire chi ti maledice, pregare per i propri
persecutori: perché? La risposta di Gesù è scon-
certante e si inscrive nella già indicata esortazione, rivolta ai suoi seguaci, a una sorta di *imita-
tio Patris* : "[...] affinché siate figli del Padre vostro che è nei cieli; poiché egli fa levare il suo
sole sopra i malvagi e sopra i buoni, e fa piovere
sui giusti e sugli ingiusti". La pietra di paragone
dunque è il Padre (Gesù lo ripeterà più volte).
Non: "Fai quello che il Padre ti comanda", bensì: "Sii come Lui". La ragione laica, ma anche -
credo - la ragione del cristiano, non può non
rimanere sconvolta da una tale esortazione, unica nella storia delle religioni umane: "Siate per-

fetti come è perfetto il Padre vostro Celeste"
(Mt,5,*48*). E questo è un ulteriore indizio del
fatto che Gesù non vuole creare una religione,
per nuova che sia, ma *superare la religione*.

Inoltre, mi parrebbe molto riduttiva una interpretazione che vedesse in queste parole di Gesù
il consueto invito a puntare sull'impossibile per
raggiungere il possibile. Piuttosto, queste sue
parole ci provocano a riflettere sull'immagine
del Padre che Gesù trasmette ai suoi ascoltatori:
si potrebbe dire che il Padre è, per Gesù, la Perfezione dell'Uomo; ed è dunque eguagliabile
sotto il profilo etico (giacché va da sé che Gesù
non invita l'uomo a conseguire l'onnipotenza
creatrice di Dio).

Verrebbe dunque da dire che, nella predicazione di Gesù, c'è un Dio Creatore che è infinitamente lontano dall'uomo, e da questi irrag-
giungibile, e un Padre che si prende cura degli
uomini, il quale deve essere un modello *eguagliabile* per ciascuno di noi. Diciamo: un vero e proprio padre nel senso corrente del termine. Chi di
noi, infatti, non potrebbe legittimamente aspira-
re a essere come il proprio padre? La *hybris*, dunque, che domina la riflessione etico-religiosa della Grecia antica, come tentazione a cui l'uomo
deve sottrarsi, non sembra avere alcuno spazio
nella predicazione di Gesù.

L'aspirazione a uguagliare il Padre nella perfezione dell'Amore non è orribile blasfemia, ma una delle caratteristiche che contraddistinguono il seguace di Gesù. Ed è difficile pensare, a questo punto, come questo aspetto della predicazione di Gesù possa inserirsi nella tradizione ebraica. Se si tratta della Legge, si può sostenere con buone argomentazioni che Gesù ha agito da ebreo 'critico', ma rimanendo nel solco dell'ebraismo; difficilmente, invece, la sua immagine del Padre è compatibile con quella di Elì-Eloì-Elohim dell'ebraismo a lui contemporaneo. Se l'uomo, ogni uomo, può essere perfetto come il Padre, questi si dissolve e si risolve nella perfezione dell'uomo. Sarebbe infatti assurdo pensare che il Padre è perfetto perché segue alla perfezione un insieme di leggi, precetti, regole. Egli è perfetto perché è tutto *Charitas*.

Questa esortazione, apparentemente paradossale, a essere perfetti (proponendoci la perfezione come un traguardo raggiungibile) diventa assai meno paradossale se si considera che Gesù, quando si rivolge ai suoi ascoltatori, parla sempre di "Padre che è nei Cieli", mentre parla di Dio o del Signore solo in situazioni di 'disputa teologica', come quando è sottoposto alle tentazioni dal Maligno (per es.,Mt,4,*1-11*).È la struggente nostalgia del Padre ciò che percorre tutta la predicazione di Gesù, e non il desiderio di sottomettersi alla Legge. E questo egli comunica ai propri seguaci. Una nostalgia che può essere letta anche come un lungo, serrato, drammatico dialogo con il Padre che è nei Cieli, quale può intrattenerlo un figlio che un padre non ha avuto. E, ripetiamo, sarebbe un imperdonabile errore sostituire, nella sua predicazione, il Padre Nostro che è nei Cieli con il termine 'Dio'. Così, l'essere innanzitutto *figli* connota la relazione di Gesù stesso e dei suoi seguaci con il Padre. Un Padre che si aspetta da noi la perfezione, o semplicemente che ci comportiamo, al di là di ogni passione, da buoni fratelli che si amano l'un l'altro. Nasce, così, l'immagine di una famiglia umana, fondata sull'amore reciproco tra fratelli e sull'amore per il Padre comune.

Questa preponderanza del Padre che è nei Cieli, un Padre tutto Amore, come protagonista della predicazione di Gesù, rispetto a un Dio Signore del Cielo e della Terra, può essere vista come la chiave di volta della originalità storica della sua predicazione. Non c'è infatti alcuna relazione tra Zeus, Padre degli Dèi, e il Padre che sta nei Cieli [6].

Dunque Gesù esce decisamente dal recinto della religione e propone agli uomini, per la prima volta nella Storia, come via alla salvezza e alla vita eterna, una disposizione dell'animo ad essere buoni *figli*, secondo la volontà del Padre. Certamente, a seconda che si intenda il dialogo di Gesù col Padre o con Dio, si dipartono due strade diverse che portano a due diverse visioni del cristianesimo. Visioni che, tuttavia, si mescolano e convivono, almeno nel Cattolicesimo Romano.

Un modo per comporre questa divergenza è quello di orientare il credente ad avere un rapporto personale prevalentemente con Gesù, la cui condizione teo-ontologica è più simile a quella di ciascuno di noi, mettendo, per così dire, in secondo piano la dicotomia Padre-Dio. Gesù, infatti, non è Padre, ma Figlio, e solo con rocambolesche sottigliezze teologiche può essere chiamato Dio. Piuttosto, egli è il Figlio che ha obbedito alla volontà del Padre sino all'estremo sacrificio, nel supplizio della Croce (quando, ripetiamo, si rivolge, sgomento, al Padre chiedendogli perché lo abbia abbandonato). Il Vangelo di Matteo ci narra dunque anche una storia di atroce abbandono, di promessa immaginaria, che non si compie, giacché le ultime, disperate parole di Gesù sulla Croce sono quelle di un uomo che vede crollare tutto ciò in cui ha avuto fede. Singolare contrasto tra le ultime parole di Gesù e la predizione, da lui fatta più volte in precedenza, della propria morte e resurrezione dopo tre giorni (in Luca,9,*22*; in Marco,8,*31; 9,31*;10,*33-34*; in Matteo,16,*21*). In Matteo sono i nemici di Gesù, dopo la sua morte, a rievocare la sua predizione: "Intanto, Maria Maddalena e l'altra Maria se ne stavano sedute di fronte alla tomba.[62] Il giorno dopo, alla conclusione del primo giorno delle cerimonie di Pasqua, i capi sacerdoti e i Farisei andarono da Pilato [63] a dirgli: «Signore ci siamo ricordati che quel bugiardo, quand'era ancora vivo, ha detto: 'Dopo tre giorni risusciterò'»"(27, *62-63*).

Si può naturalmente speculare sulla costruzione del testo evangelico e sulla probabilità che le suddette predizioni siano state inserite dall'evangelista (o, comunque dall'autore del testo) per spiegare e legittimare la successiva proclamata Resurrezione. Anche perché la narrazione della Resurrezione ha tanto sapore di aggiunta consolatoria. Certo, di lì nasce anche la possibilità di affermare la natura non solo umana ma anche divina di Gesù (Dio non può morire) e di inaugurare, precisamente, una nuova religione, che promette a tutti i fedeli una resurrezione finale e la vita eterna. In questo, davvero, simili al Cristo.

Ma vorrei avanzare una domanda, la cui risposta sembrerebbe scontata: se la vicenda umana di Gesù si fermasse sulla Croce, rimarrebbe solo una vicenda umana, una storia straziante di amore caduto nel vuoto? Mi permetto di dubitarne, giacché non mi pare essenziale la resurrezione per poter aver fede in Gesù salvatore. Non sono, infatti, sufficienti la sua passione e crocefissione per testimoniare un sacrificio, fatto per amore e portatore di redenzione? Certo, i Vangeli devono farlo risorgere, altrimenti ci imbatteremmo in un illogico e inesplicabile rompicapo, giacché Gesù, mentre era in vita, è stato capace di resuscitare i morti, mostrandosi, così, più potente della Morte, suo padrone e signore, a differenza di tutti noi. Ma i Vangeli sembrano fondare la 'dimostrazione', la prova inoppugnabile, per così dire, della divinità di Gesù proprio sul *fatto* di essere stato capace di risorgere, sul suo essersi dimostrato padrone della Morte. E questo poteva andare bene per le anime semplici, affamate di miracoli e di prodigi, alle quali era destinata la narrazione evangelica: come se non bastassero la sua predicazione e il suo esempio a mostrare che Gesù era un tipo d'uomo mai apparso prima nella storia del mondo. Ma discepoli, apostoli, evangelisti, seguaci avevano bisogno di credere che Gesù fosse Dio. Come se non fosse possibile, per loro, amarlo ed essergli fedeli semplicemente per le sue parole e per la testimonianza resa con la sua vita.

Gesù, come abbiamo notato, muore nell'angoscia di sentirsi abbandonato dal Padre che sta nei Cieli, e certamente, mentre muore, non sa (almeno in Matteo) che risorgerà di lì a tre giorni; per questo è disperato: come per una promessa (la protezione del Padre) non mantenuta. Muore, insomma, come un uomo comune, che aveva creduto di avere, nel Cielo, un Padre amorevole che lo avrebbe protetto anche dalla Morte. E, invece, il Cielo a cui si rivolge è vuoto.

Certo, sulla Croce non poteva morire Dio, ma solo un uomo: ma perché un uomo disperato e non, invece, fiducioso nell'amore del Padre? Perché Gesù non è morto come sarebbe presumibilmente morto un suo fervente seguace, e cioè nella certezza di essere accolto nella Casa del padre e di andare verso la vita eterna? A leggere il Vangelo di Matteo par quasi che Gesù si aspettasse che un intervento del Padre gli avrebbe, alla fine, risparmiato la morte sulla croce. O che altro si aspettava dal Padre? Questo continuo intreccio, nella persona e nella predicazione di Gesù, dell'umano troppo umano e del superumano lo rende del tutto incommensurabile con ogni altra creatura della Terra. Gesù è davvero un unicum nella storia del mondo e non per i supposti 'miracoli' che avrebbe compiuto, ma per come ha attraversato la propria esistenza u-mana, trasformandola in un punto di appoggio, in una leva, per 'scagliarsi' al di là dei suoi limiti e proponendo a tutti i suoi discepoli la stessa possibilità, lo stesso dovere di 'superare' il proprio essere puramente 'naturali'. Insomma, il compimento dell''umano' nel superamento dell'umano 'naturale'.

Malauguratamente nella tradizione costituitasi dopo di lui, e tuttora vivente nei fedeli delle differenti Chiese cristiane, sono stati esaltati a dismisura i miracoli e i prodigi che egli avrebbe compiuto, e naturalmente, in primo luogo, la sua presunta Resurrezione (intesa rozzamente come rianimazione di un cadavere), come 'prove' inconfutabili della sua divinità. E pensare che Gesù stesso, nel corso della sua predicazione, aveva sempre minimizzato i suoi 'miracoli' come argomento per avere fede in lui. Non i miracoli, ma le sue parole e il suo esempio, e quindi l'adesione della mente e del cuore alla sua persona, attivano quella fede in lui che, sola, può condurre alla salvezza.

Tu sei Pietro: comunità dei fedeli e Chiesa

"Datemi un punto di appoggio e solleverò il mondo": e Gesù avrebbe davvero sollevato il mondo, se solo qualcuno gli avesse dato un punto di appoggio in una fede pura, assoluta e incondizionata in lui, una fede capace di mantenere perennemente in vita le sue parole. Paolo, forse, sarebbe stato all'altezza del compito, ma dedicò tutte le sue appassionate energie allo sforzo di gettare le basi di una nuova religione e a organizzare una nuova Chiesa coi suoi precetti e le sue norme, o, almeno, una nuova comunità, diversa da quella di cui era figlio, ma anche ricalcata su di essa, per opposizione. Insomma Paolo pensò di mettere in salvo la parola di Gesù creando l'embrione di una futura Istituzione, e, storicamente, ebbe successo.

Naturalmente l'Istituzione è una necessità assoluta per poter svolgere un'azione storica che non sia effimera. E, di fatto, le differenti Chiese hanno svolto nei secoli una loro 'politica religiosa' proprio grazie al fatto di essere Chiese, cioè istituzioni. Ma questo ha anche significato la trasformazione della Fede in una religione e della religione in una pratica 'politica'. Non mi pare che Gesù avesse in mente questo quando disse (se mai lo disse): "Tu sei Pietro, e su questa pietra edificherò la mia chiesa, e le porte degli inferi non la potranno vincere. Io ti darò le chiavi del regno dei cieli…" (Mt, 16,*18-19*)[7].

Del resto, com'è noto, l'interpretazione di questo passo è quanto mai controversa: solo i Cattolici Romani ritengono che segni, da parte di Gesù, l'istituzione di una nuova Chiesa e, insieme, del primato pietrino. Ma se gli Evangelici generalmente contestano l'interpretazione cattolica e sostengono che la "pietra" non è Pietro, ma Gesù stesso, come "pietra angolare", nondimeno anch'essi ritengono che Gesù volesse fondare una nuova Chiesa. E questo lascia perplesso il lettore 'ingenuo' dei Vangeli, poiché niente, nella narrazione evangelica precedente questo passo, fa trasparire l'intenzione di Gesù di fondare una nuova religione e una Chiesa, nel senso che il termine "Chiesa" assumerà poi. Chissà di quale parola aramaica, e con quale significato, il termine evangelico, greco, *"ekklesìa"* è la traduzione.

Immagino quelle comunità di cristiani, nei primissimi secoli dell'Era Volgare, che si riunivano per pregare e, se fra loro c'era qualcuno che sapeva leggere il greco, per leggere passi e brani del Nuovo Testamento, tutti pervasi dalla fervida attesa dell'imminente venuta del Cristo, della *parusìa*, e della Fine dei Tempi. Erano una

"Chiesa"? Probabilmente erano ciò che, traducendo dall'aramaico, era stato reso, in greco, nei Vangeli, col termine *"ekklesìa"*, ma, di sicuro, erano qualcosa di diverso da quell'organizzazione gerarchica, giuridica e dottrinale, che, alcuni secoli dopo, sarà definita come *"Ecclesia"* dalla Chiesa di Roma.

Certo, la nascita dell'Istituzione, cioè della Chiesa (cattolica o protestante che sia) in senso moderno, non è solo un fenomeno 'conservatore' (cioè nato, nelle intenzioni, per conservare il messaggio di Gesù), ma anche 'normalizzatore' della spinta rivoluzionaria della parola di Gesù. Certo, dentro l'Istituzione perdura una dialettica sotterranea tra quella che fu la spinta originaria (e i valori che la pervadevano) e la sua mortificazione, cioè la trasformazione della 'rivoluzione' in 'ordinaria amministrazione'. In particolare, la storia della Chiesa Cattolica è piena di rinnovate 'insorgenze', nel suo seno (per tacere di tutti i movimenti sanzionati come 'eretici'), di spinte verso il ritorno allo spirito 'originario'. La più nota è la predicazione di Francesco d'Assisi, ma, anche dentro il movimento rinnovativo, di 'ritorno alle origini', da lui innescato, ebbe luogo, poi, la medesima 'neutralizzazione' e 'istituzionalizzazione' contro cui era nato; e lo spirito 'rivoluzionario', cioè cristiano, della predicazione di Francesco d'Assisi un po' alla volta si spense negli ordini francescani. Anche nell'ambito delle chiese protestanti si produssero, com'è noto, fenomeni analoghi con esiti, talora, non meno tragici di quelli toccati agli 'eretici': si vedano i massacri dei 'dissidenti', che prospettavano dottrine e pratiche difformi da quelle ormai sancite ufficialmente dalle chiese protestanti. ('Chiese protestanti': inquietante connubio di parole e di concetti!). Insomma, sembrerebbe che, mutatis mutandis, il principio *extra Ecclesiam nulla salus* valesse ovunque. Principio che si applica anche ai partiti politici (almeno quelli di una volta, che facevano riferimento a una visione globale della Storia e della società, scorrettamente chiamata 'ideologia') e ad altre organizzazioni.

La Parola di Gesù: *hàpax legòmenon* nella storia del mondo

Come si sa e come si è già detto, nel NT c'è tutto e il contrario di tutto. In particolare, riedizioni di idee e di precetti della tradizione veterotestamentaria, frammenti di sapienza comune tra i saggi del Mondo Antico e molti passi che confliggono l'uno con l'altro. Ma, se dobbiamo guardare all'assoluta originalità della predicazione di Gesù, dobbiamo prendere in conside-

razione prima di tutto (anche se non esclusiva-
mente) il *Sermo de monte*, che distacca Gesù da
tutte le altre grandi figure di filosofi, saggi, profeti del Mondo Antico. È, a mio parere, la parte
più originale della sua predicazione e quella che
ci permette di respingere sullo sfondo tutti quegli altri suoi detti che sembrano contraddirla, e
di trascurare tutti i suoi 'atti' prodigiosi (sui quali, peraltro, egli raccomandava il silenzio). In
questa parte della predicazione di Gesù predo-
mina l'Amore per tutti gli esseri umani e l'amore
fra tutti gli esseri umani, in quanto opposto al-
l'odio e alla guerra. Qualcuno ha assimilato l'a-
more cristiano alla compassione per tutti i viventi della tradizione buddista, ma è una somi-
glianza superficiale: la seconda, infatti, è sostanzialmente una contemplazione partecipe del dolore universale, mentre il primo è impegno atti-
vo a scambiarci Amore tra di noi e nei confron-
ti del Padre che è nei Cieli.

Sia Gesù che Buddha indicano una via di salvezza, ma la salvezza indicata da Gesù è fondata
su di una fede che promette la vita eterna (qualunque cosa ciò significhi: e non è detto che significhi una resurrezione dopo la morte), quella
indicata dal Buddha è fondata sulla nuda ragione, che guarda il mondo con sguardo disincan-
tato e promette l'annullamento del dolore. Cer-

to, ci vuole una estrema e insanabile disperazione nell'animo per non essere travolti dalle parole di Gesù, fino al punto di 'seguirlo', di diventare suoi seguaci (Mt, 16, *24-27*). (Stupisce che nella traduzione italiana interconfessionale del versetto 27 di questo capitolo venga inserita la parola "Dio", assente nel testo greco: "Il Figlio dell'uomo ritornerà glorioso come Dio suo Padre, insieme con i suoi angeli. Allora egli darà a ciascuno la ricompensa in base a quel che ciascuno avrà fatto"[8]. Perché questa insistenza di molte traduzioni a chiamare arbitrariamente "Dio" il Padre che è nei Cieli, come se fossero sinonimi, come se non si comprendesse la portata storica del riferimento di Gesù al "Padre", e agli uomini come figli e fratelli, anziché a Yahweh?).

Gesù offre *la speranza* a chi l'attende e la cerca, ma non può offrirla a chi l'ha irrimediabilmente perduta o non l'ha mai custodita in sé stesso. Certo, le sue parole, a differenza di quelle del Buddha, non mirano a persuadere, ma a 'chiamare' chi è smarrito e attende la luce della speranza.

Ma è possibile amare Gesù senza sentirsi irresistibilmente spinti a seguirlo? Giacché non si tratta di accettare o condividere una dottrina, ma di *seguirlo*, cioè di sforzarsi di essere con lui e come lui. È possibile concepire una vita più ricca di significato e di valore, più 'umana' di quella di Gesù? Non direi, giacché, al suo confronto, tutti i grandi della terra rivelano la loro piccolezza. Gesù è la massima espressione delle possibilità umane di trascendere la condizione di creature caduche e destinate a diventare polvere, poiché ne ha reso testimonianza con la propria intera vita.

Gesù non espone una dottrina filosofica o etica che possiamo condividere o rigettare, Gesù ci invita a seguire il suo esempio, a seguirlo. Che fare, una volta che lo abbiamo conosciuto? Possiamo rifiutare il suo invito, ma sarebbe difficile trovare buoni argomenti per giustificare il nostro rifiuto. Possiamo dire che non ci piace? Certo, è possibile, ma tutto, dentro di noi, è incantato dallo splendore della sua vita e delle sue parole. Quando uno conosce Gesù, può diventare un suo seguace e, *in votis*, imitatore; insomma, può diventare cristiano. Ma se uno si accosta alla vita e alla predicazione di Gesù da non-credente, che cosa può pensare e fare dopo il suo incontro con lui? Non è necessario credere che egli fosse Dio Incarnato per esserne affascinati. Anche come semplice uomo, dalla vita e dal destino grandiosi e terribili, egli ci prende l'anima. Lo vogliamo considerare un visionario? Certo, è stato spesso ridotto a questo, ma è una definizione troppo ristretta. E poi, che significa 'visionario'? Forse Gesù vedeva quello che prima di lui, intorno a lui e dopo di lui i più non erano capaci di vedere.

Insomma, confrontarsi da non-credente con la figura di Gesù è drammaticamente difficile e tormentoso: come non dargli credito? Ma in che modo si può dargli credito dalla propria onesta posizione di non-credenti o, se si preferisce, di atei?

La 'conversione' chiesta da Gesù: a chi?

I versetti 21-37 del cap. 5 di Matteo propongono norme di condotta che, in sé, non si discostano radicalmente dalla tradizione: non basta non uccidere, non bisogna adirarsi col fratello né ingiuriarlo; si deve cercare la concordia; non basta non commettere adulterio, non si deve nemmeno guardare una donna per desiderarla; non è ammesso ripudiare la moglie, salvo che per fornicazione. Nei versetti *33-37*, sempre del medesimo capitolo, c'è qualcosa di più, quando Gesù dice che non basta non giurare il falso: si deve evitare di giurare. Qui Gesù ci propone la forza dirompente della verità nella sua semplicità ("sì, sì; no, no") contro quegli artifizi retorici che vorrebbero rafforzare le enunciazioni, ma, invece, rivelano, l'insensibilità alla potenza della nuda verità. È la scarsa fiducia nella verità, nella sua forza, ciò che ci induce a giurare per renderci più credibili, introducendo l'idea che il puro enunciato, se non è 'giurato', può essere messo in dubbio, giacché spesso noi usiamo la parola per mentire. La sovrabbondanza delle parole, l'ostentazione dei comportamenti virtuosi, ogni eccesso visibile e percettibile è un oltraggio alla semplicità della verità (viene dal Maligno, che è l'ingannatore per eccellenza).

Ma sono i versetti *38-48* a condensare quella che potrebbe essere considerata l'essenza della 'conversione' che Gesù chiede ai suoi ascoltatori:

38 Avete inteso che fu detto: *Occhio per occhio e dente per dente*; **39** ma io vi dico di non opporvi al malvagio; anzi se uno ti percuote la guancia destra, tu porgigli anche l'altra; **40** e a chi ti vuol chiamare in giudizio per toglierti la tunica, tu lascia anche il mantello. **41** E se uno ti costringerà a fare un miglio, tu fanne con lui due. **42** Da' a chi ti domanda e a chi desidera da te un prestito non volgere le spalle.**43** Avete inteso che fu detto: *Amerai il tuo prossimo* e odierai il tuo nemico; **44** ma io vi dico: amate i vostri nemici e pregate per i vostri persecutori, **45** perché siate figli del Padre vostro celeste, che fa sorgere il suo sole sopra i malvagi e sopra i buoni, e fa piovere sopra i giusti e sopra gli ingiusti. **46** Infatti, se amate quelli che vi amano, quale merito ne avete? Non fanno così anche i pubblicani? **47** E se date il saluto soltanto ai vostri fratelli, che cosa fate di straordinario? Non fanno così anche i pagani? **48** Siate voi dunque perfetti come è perfetto il Padre vostro celeste.

Questi versetti sono il coronamento, il culmine del 'crescendo' iniziato col versetto 21. È questa l'essenza dell'essere cristiano? Non saprei, ma è sicuramente la drastica rottura che l'esser cristiano deve produrre rispetto ai costumi degli uomini, fino ad allora praticati sulla Terra, anche dai figli d'Israele. Gesù ci chiede l'inversione, il capovolgimento della cosiddetta "natura umana", in vista di una perfezione "contro natura", giacché la natura umana è corrotta e inclinata al male.

Abbiamo detto "ci chiede", come se Gesù intendesse parlare a tutti gli uomini e le donne della Terra, ma, in alcuni passi di Matteo, sembra che egli intenda parlare solo ai figli di Israele, e non ai 'pagani'. La questione rimane, per il lettore ingenuo, sospesa e indecisa, giacché se, da un lato, nell'incontro con la donna cananea, dunque 'pagana'(Mt,15,*21-28*), Gesù, dopo avere riaffermato di essere stato mandato solo per le pecore

sperdute del popolo d'Israele, si lascia 'com-
muovere' dalla grande fede della donna pagana e
le guarisce la figlia, dall'altro lato già in precedenza aveva affidato ai dodici apostoli una pre-
cisa e limitata missione:

[5] Questi dodici Gesù li inviò dopo averli così istruiti:
'Non andate fra i pagani e non entrate nelle città dei
Samaritani; [6] rivolgetevi piuttosto alle pecore perdute
della casa d'Israele (Mt, 10, 5-6).

Si potrebbe forse sostenere che la grande fede
della donna cananea in Gesù l'aveva, *eo ipso*, ri-
scattata dalla sua condizione di 'pagana' (anche
se verrebbe da obiettare che la donna, disperata
per la malattia della figlia, non aveva fede in Gesù come Figlio dell'Uomo, bensì semplicemente come 'guaritore', senza che ciò implicasse la
sua uscita dal paganesimo).

Enzo Bianchi così commentò, il 14 agosto
2011, l'episodio della donna cananea: "Questo
incontro con la donna cananea segna un'importante apertura di Gesù ai pagani, come lo sarà
anche la successiva moltiplicazione dei pani, al
termine della quale resteranno sette ceste di pez-
zi avanzati, simbolo delle settanta genti della
terra (cf. Mt 15, 32-39) [...] Attraverso questi segni Gesù ci mostra che il banchetto del Regno è

aperto a tutti (cf. Mt 8,*11*)". A me pare, francamente, una spiegazione un po' troppo a-problematica, che mette tra parentesi tutti i passi di Matteo che potrebbero contraddirla. Così come mi pare che vada contestualizzato il comandamento di Gesù che toglierebbe ogni limite riguardo ai destinatari della sua predicazione: "Andate dunque e ammaestrate tutte le nazioni, battezzandole nel nome del Padre e del Figlio e dello Spirito santo" (Mt,28, *19*). Queste parole, infatti, sono pronunciate, secondo Matteo, *solo dopo la Resurrezione!* E abbiamo qualche buon motivo per ritenere che la Resurrezione di Gesù, e gli atti e i detti a lui attribuiti dopo la Resurrezione, non appartengano al Gesù storico, bensì a una più tarda 'invenzione' da parte degli evangelisti, o delle loro fonti, introdotta per poter affermare la divinità di Gesù. Nel leggere i Vangeli si ha di continuo la sensazione di imbattersi in passi interpolati a scopo apologetico, o per necessità pastorali o teologiche, che incrostano la figura del figlio del falegname di mirabili gemme... che non gli appartengono. Insomma, sembra che gli evangelisti fossero pressati da due necessità: da un lato, dovevano attingere dalle più disparate e contraddittorie tradizioni orali; dall'altro, dovevano raccontare la vita di Gesù in modo che risultasse legittimato e giustificato considerarlo il Dio Incarnato.

E allora, se escludiamo la resurrezione di Gesù come rianimazione di un cadavere (che ritorna in vita e dà una serie di disposizioni prima di ascendere al Cielo), e la intendiamo, invece, come un suo essere rimasto sulla scena del mondo e nel cuore dei suoi seguaci pur essendo morto, allora il Gesù che ordina di ammaestrare tutte le nazioni è l'eredità 'scelta', che gli evangelisti raccolgono dalle multiformi e a volte contrastanti testimonianze della sua predicazione. Sono dunque loro a creare l'immagine di un Gesù che si rivolge a tutti gli uomini e del cristianesimo come religione universale (punto essenziale di differenziazione e di opposizione dei primi cristiani-ebrei rispetto alla religione ebraica).

Qual è il vero Gesù? Chi è, dov'è il figlio del falegname?

Al termine della lettura del Vangelo di Matteo, il lettore ingenuo è confuso e perplesso. "Qual è il vero Gesù e quali sono le sue parole autentiche?" si chiede turbato. Giacché ha letto, nel testo di Matteo, discorsi di Gesù che si contraddicono l'un l'altro e atti di Gesù, che talora sembrano contrastare con le sue dichiarazioni. Gli viene il sospetto che questo Vangelo, almeno questo, sia una sorta di patchwork messo insieme un po'maldestramente dall'evangelista, che ha dovuto accogliere nel suo scritto testimonianze differenti e qualche volta contrastanti, provenienti da fonti e tradizioni orali diverse. Ha *dovuto* perché non poteva escludere nessuna di queste tradizioni e non poteva compiere una selezione arbitraria in nome della coerenza del testo. Ma è possibile che Matteo non si sia reso conto che, così facendo, ci consegnava e tramandava un testo suscettibile di interpretazioni non solo - com'è ovvio e legittimo - differenti, ma addirittura contrastanti e conflittuali? E allora, se ha accettato l'intrinseca contraddittorietà della sua narrazione, perché lo ha fatto? Forse per quanto si è già detto: *doveva* accogliere tutte le tradizioni orali relative alla vita e alle opere di Gesù, circolanti nelle prime comunità cristiane. E forse intuiva che solo questa polivocità del testo evangelico, cioè il suo attribuire a Gesù i messaggi più vari e disparati, avrebbe garantito a tale testo un vastissimo consenso, giacché, come abbiamo già detto, ciascun fedele e ciascuna comunità avrebbero potuto trovarci una parola e un esempio corrispondente ai loro bisogni, ai loro gusti, persino ai loro pregiudizi.

Ma, ci domandiamo, è possibile, per il lettore ingenuo, privo di strumenti esegetici, fare una sorta di cernita, separando quello che è il vero Gesù, storicamente attendibile, da quelle che sono, probabilmente, aggiunte, mutilazioni, manipolazioni (magari in buona fede), finalizzate a costruire le basi mitico-dottrinali di una nuova religione? Senza un'adeguata preparazione storico-filologica, come si può investigare un testo tentando, innanzitutto, di identificare in esso una linea di coerenza logico-narrativa e, in secondo luogo, di separare le parti, in cui sono narrati fatti e detti attendibili e plausibili, dalle parti in cui si narrano fatti e detti letteralmente 'incredibili'?

Penso che non esista un metodo sicuro per il lettore 'ingenuo', ma io mi affiderei a una sorta di 'buon senso' ermeneutico. In particolare, io privilegerei come 'autentiche' quelle parti del Vangelo di Matteo, nelle quali Gesù dice cose che nessuno ha mai detto e manterrei fermo, in particolare, come nucleo unico, irripetibile, perno della sua predicazione il *Sermo de Monte*. Riguardo ai suoi 'atti'- miracoli, prodigi, resurrezione eccetera, - invece, manterrei le più grandi riserve, giacché la psicologia della testimonianza ci insegna a essere diffidenti riguardo ad ogni resoconto di atti compiuti da altri (del resto, come si è già detto, Gesù stesso invitava i suoi seguaci e i suoi beneficati a tacere sui miracoli e i prodigi da lui compiuti).

Insomma, delle tante cose che, secondo Matteo, avrebbe detto Gesù, quelle che segnano la più drastica rottura con tutti i discorsi fatti dagli uomini prima di lui, quelle che segnano una rottura di continuità nella Storia del mondo, e l'inaugurazione di una nuova èra dello spirito umano, sono quelle contenute nel discorso delle beatitudini, nel *Sermo de Monte*. Se dovessi convertirmi al cristianesimo, o, meglio, diventare seguace di Gesù, lo diventerei per questo, e non certo per i suoi miracoli, per le sue guarigioni miracolose, per la sua dubitabile resurrezione. Infatti la 'consolazione' e la 'redenzione del male dell'esistenza', sono tutte contenute nel *Sermo de Monte*, che è, poi, secondo me, l'unica vera alternativa alla prospettiva buddhista, nella quale, tuttavia, non è l'attesa di una nuova vita, bensì la certezza della pace nel Nulla che può sostenerci nell'affrontare la pena del vivere.

Di promesse di vari paradisi e ricompense *post mortem* sono state sempre prodighe molte religioni (non quelle del Mondo Antico), dalle più primitive alle più raffinate teologicamente. Infantile, ma potente consolazione per i mali della vita e per l'angoscia della morte. E il cristianesimo, come costruzione dottrinale, non sfugge a questa regola. Ma Gesù, mi pare, ha poco a che fare con queste fiabe consolatorie - talora belle, talaltra cupe o persino truci - raccontate da molte religioni, ciascuna delle quali ci descrive a modo proprio un improbabile Aldilà o Altro Mondo che ci aspetterebbe dopo la morte.

Dov'è dunque l'unicità e la specificità della 'promessa' di Gesù? A me pare che egli prospetti una futura rigenerazione del mondo e del tempo storico, un nuovo mondo nel quale il potere sarà dei mansueti, dei misericordiosi, di coloro che sono stati assetati di giustizia e poi, ma solo poi, il trionfo di un nuovo Regno. Con questa promessa di rigenerazione del mondo Gesù produce anche, nel medesimo tempo, il 'miracolo' di una rigenerazione dell'uomo, che, dopo aver ascoltato le sue parole, vedrà in un modo nuovo sé stesso e la propria posizione nel mondo, nella Storia. Anzi, quella che era, in quanto Storia, un banale e spesso crudele succedersi di eventi, diviene, nella visione di Gesù, un cammino, un percorso verso una meta: la imminente fine dei tempi dopo la rigenerazione finale. E, in qualche modo, la fine dei tempi si è davvero compiuta, dopo la sua predicazione e grazie a essa, giacché il *Sermo de Monte* inaugura un tempo nuovo, un tempo che non ha una relazione di continuità col tempo precedente, passato. Perciò dico che questo discorso di Gesù spezza la continuità storica, ovvero è il punto di inizio di una nuova Storia, di un nuovo tempo.

Dunque riproponiamo la domanda iniziale: perché dovrei *seguire* Gesù? Perché ha camminato sulle acque? Perché ha guarito gli storpi? Perché ha resuscitato i morti e anche sé stesso? Perché ha predicato l'amore tra gli uomini?

No, questi fatti e detti, e tanti altri, tramandati dai Vangeli, non possono indurmi a seguirlo. Piuttosto, direi, potrei seguirlo perché è *lui*, perché è unico, una volta liberatolo da tutte le incrostazioni convenzionali e necessarie, allora, a richiamare l'attenzione delle folle, che avevano bisogno di prodigi, giacché non sarebbero riuscite a percepire quanto fosse prodigioso Gesù in sé stesso, senza miracoli, senza prodigi, senza *coups de théâtre*.

Io credo che si debbano distinguere coloro che approvano l'*insegnamento* di Gesù e si sforzano, almeno un po', di seguire i suoi comandamenti da coloro che sono affascinati dalla *persona* di Gesù e sentono la spinta a *seguirlo*, cioè ad andare con lui per la sua strada. Con altre parole, distinguerei coloro che aderiscono a una *dottrina* (una delle tante apparse nella storia del mondo) da coloro che sono intimamente e profondamente compartecipi della vicenda umana (e, per molti, anche divina) di Gesù di Nazareth, del figlio del falegname, pronti a seguirlo su qualunque strada egli decida di incamminarsi. Insomma c'è chi accoglie il suo insegnamento e chi, al di là di questo, ha amore per lui e *fede in lui*.

Che significa avere fede in qualcuno? Mi pare che possa significare aprirgli un credito illimitato riguardo, non tanto a ciò che dirà o farà, ma riguardo a ciò che *sarà*. Questo accade quando amiamo con tutto il nostro cuore una persona. Siccome Gesù, morto sulla croce, non è stato cancellato dalla Storia, ma continua a vivere tra noi come *persona immateriale*, chi lo ama e ha fede in lui è pronto a seguirlo in tutta quella che sarà la sua storia *futura*, quella della sua vita nella *nuova* Storia, certo di essere condotto da lui sulla via del bene (comunque debba poi essere concepito questo 'bene'). La Crocefissione, non la Resurrezione, inaugura la storia futura di Gesù nella Storia, spalanca la possibilità di una sua espansione cosmica, fino a diventare il sigillo di una nuova possibile realtà umana, di un uomo finalmente 'raddrizzato'.

Nessuno di noi sa che cosa dirà e farà questo Gesù - entrato nella *nuova* Storia dopo la Crocefissione - nei tempi venturi né *come* lo farà a dirà.

Ma chi di noi ha fede in lui, aspetta in ogni momento, con trepidazione, con impazienza, ma anche con "timore e tremore", la sua apparizione *dentro le anime*, e il suo cenno mansueto che invita a seguirlo per strade a noi del tutto ignote e imprevedibili, strade che non conosciamo ma che siamo certi (della certezza data dalla fede in lui) essere orientate verso il bene.

La persona immateriale di Gesù agisce nella storia futura attraverso le persone viventi di coloro che lo amano e lo seguono. Non c'è alcun bisogno di introdurre o conservare l'idea di un Dio in questo processo del divenire storico della presenza di Gesù nelle anime dei suoi fedeli. Ma Gesù deve, sempre e ancora, duemila anni dopo la sua morte (che non è la sua scomparsa), scontrarsi contro i mille culti religiosi e superstiziosi che inquinano le anime di coloro che si ritengono cristiani. No, per un non credente come me, essere cristiano significa avere una relazione unica ed esclusiva con Gesù, giacché egli contiene *tutto* ciò che di consolatorio e di salvifico può essere offerto agli uomini. Il resto è opacità, superstizione, cecità alla luce abbagliante che emana Gesù o, peggio, turpe mercimonio per ottenere qualcosa che ci preme, qualcosa che Gesù non ci ha mai promesso.

Direi, paradossalmente, che, con la venuta di Gesù, il monoteismo inizia il suo tramonto. Lui è uno di noi, infinitamente più grande di tutti noi, ma con le radici piantate nella nostra stessa terra, come un fratello. E, a questo punto della Storia, quando appare Gesù, l'Umanità non ha più bisogno di Padri, ma aspetta un fratello maggiore. Gesù può dare inizio al superamento dell'idea di Dio, al suo superamento storico. Dio rimane un reperto del passato, della storia passata, dei popoli del passato. Anche il Dio di Abramo è un dio tra molti dèi, ciascuno geloso delle proprie prerogative. Ma non c'è, invece, nessun altro che possa confrontarsi con Gesù, competere con lui in una lotta per l'egemonia. Quanti dèi del Mondo Antico non sono stati scalzati da nuovi dèi? Ma è immaginabile che qualcuno possa scalzare Gesù? In realtà, la morte di Gesù sulla Croce mostra anche la morte di Dio, come Padre Onnipotente, il sigillo della sua assenza. Un Dio Onnipotente, che non ha saputo rispondere all'appello del figlio crocifisso, rimane un puro concetto astratto, per i balocchi dei teologi, avulso dalla storia dell'Umanità. Quella storia nella quale, da duemila anni a questa parte, vive la presenza operante, nelle anime, di Gesù, il Consolatore, il Salvatore.

Gesù era certo che nei Cieli ci fosse un Padre che lo amava, ma, sulla Croce, dovette riconoscere, con disperazione, che i Cieli erano vuoti e che nessun Padre veniva in suo soccorso. Con ciò, forse senza volerlo, Gesù ci ha trasmesso un messaggio fondamentale: non cercate nei Cieli una paternità, in cui io stesso ho creduto, giacché l'attesa di una paternità onnipotente è soltanto un'illusione infantile. Quello che potete cercare, non nei Cieli ma sulla Terra, è una fratellanza universale: "Amatevi l'un l'altro, come io ho amato voi".

Gesù muore sulla Croce come nostro fratello, orfano di padre come tutti noi, un fratello che ha testimoniato con la sua vita e con la sua morte un amore infinito e struggente per tutti gli uomini, buoni e cattivi, entrando, così, per sempre e irreversibilmente, come presenza viva e operante, nella *nuova* storia umana, 'nuova' dopo di lui e grazie a lui. Il suo regno non è di là da venire, il suo regno inizia sulla Croce.

Possiamo rinunciare a Dio, ma non a Gesù

L'idea di Dio era ben radicata nella testa degli uomini del Mondo Antico, assai prima che Gesù apparisse nella Storia. Non aveva, quell'idea, dato grandi frutti. Forse, in qualche religione, era

servita a tenere un po' a freno la natura tenden-
zialmente malvagia dell'uomo, imponendogli
leggi, decreti, comandamenti. Ma l'Europa, e
non solo l'Europa, è diventata 'cristiana', almeno verbalmente, grazie a Gesù. È lui, con la sua
parola e col suo esempio, che ha messo costantemente in crisi i comportamenti degli uomini
venuti dopo di lui, che, se non sono diventati
migliori dei loro antenati, hanno almeno avuto
un nuovo metro di paragone per misurare la
propria iniquità. Quanto più una vita si allonta-
nava dal modello della vita di Gesù, tanto più
era riprovevole. E la persona di Gesù, più che
l'idea di Dio, è diventata il punto di riferimento
di ogni aspirazione alla Salvezza. Consideriamo,
per esempio, il famoso memoriale di Pascal, che
trascrivo qui di seguito.

L'an de grâce 1654, (à 31 ans).
Lundi, 23 novembre, jour de saint Clément, pape et
martyr et autres au martyrologe,
Veille de saint Chrysogone, martyr, et autres.
Depuis environ 10 heures et demie du soir jusques
environ minuit et demi,
Feu.
«Dieu d'Abraham, Dieu d'Isaac, Dieu de Jacob » non
des philosophes et des savants
Certitude. Certitude. Sentiment. Joie. Paix.

Dieu de Jésus-Christ.
Deum meum et Deum vestrum (mon Dieu et votre Dieu)
«Ton Dieu sera mon Dieu »
Oubli du monde et de tout, hormis Dieu.
Il ne se trouve que parmi les voies enseignées dans l'Évangile.
Grandeur de l'âme humaine.
«Père juste, le monde ne t'a point connu, mais je t'ai connu ».
Joie, joie, joie, pleurs de joie.
Je m'en suis séparé :
Dereliquerunt me fontem aquae vivae. (Ils m'ont abandonné, moi, la source d'eau vive)
«Mon Dieu me quitterez-vous?»
Que je n'en sois pas séparé éternellement.
Cette est la vie éternelle, qu'ils te connaissent seul vrai Dieu, et celui que tu as envoyé, Jésus-Christ.»
Jésus-Christ.
Jésus-Christ.
Je m'en suis séparé; je l'ai fui, renoncé, crucifié.
Que je n'en sois jamais séparé.
Il ne se conserve que par les voies enseignés dans l'Évangile:
Renonciation totale et douce.
Soumission totale à Jésus-Christ et à mon directeur.
Éternellement en joie pour un jour d'exercice sur la terre.

Non obliviscar sermones tuos (Que je n'oublie pas tes paroles), Amen.

A me pare che, in questo memoriale, se si va oltre la famosissima invocazione iniziale, ci sia poi un crescendo, nel quale Gesù acquista il più grande rilievo, fino al proponimento finale: "Sottomissione totale a Gesù Cristo e al mio direttore". Perché solo Gesù può davvero parlare al cuore dell'uomo che lo ha conosciuto.

Dire che Gesù è Dio mi suona incongruo e quasi oltraggioso: Gesù è ben di più di Dio, questo concetto astratto e inafferrabile, che ogni popolo ha riempito coi più bizzarri contenuti. Dio è un concetto che c'era prima di Gesù, in mancanza di Gesù, proprio perché non era ancora venuto Gesù a dirci quale è il bene e quale il male e a offrirci consolazione e salvezza. Perché mai dovrei amare Dio? Tutt'al più posso temerlo, esserne terrorizzato: *quando iudex est venturus*. Come può essere, nello stesso tempo, padre amorevole e giudice implacabile? No, veramente, la nozione di Dio, l'idea di Dio onnipotente, onnisciente, giudice permaloso e inesorabile degli uomini, andava bene in società autoritarie, gerarchiche, violente. Forse allora c'era bisogno di paura e di sottomissione per tenere insieme la società. Ma oggi c'è bisogno soprattutto di amore. Di Dio non sappiamo nulla, se non quello che si sono inventati poeti, profeti, sacerdoti, filosofi e teologi. Di Gesù sappiamo fin troppo, sia pure in modo incerto, frammentario, contraddittorio. Sappiamo chi è stato, quel che ha detto, quel che ha fatto, quale è stato il suo destino, sappiamo come la pensava su quasi tutto (come la pensi Dio su una qualunque questione è impossibile dire, se non ci si colloca in quel delirio nel quale si crede di conoscere i pensieri e la volontà di Dio).

Dio è un contenitore infinito e terrifico, ma vuoto, che ciascuno di noi può riempire a proprio piacimento. Non così Gesù che, in 33 anni di vita, ha fatto per gli uomini più di quanto abbia fatto il concetto di Dio in migliaia di anni (dico 'il concetto' di Dio, e non Dio, perché nessuno ha mai incontrato Dio, se non sotto forma di idea o di concetto). Quel po' di 'cristianesimo' (come amore fraterno) che circola nelle nostre anime, lo dobbiamo a Gesù, non a Dio. Pregare Dio a me pare qualcosa di affine alla meditazione trascendentale: ci si confronta con un Nulla Infinito. Dio non è pensabile, non è nominabile, niente possiamo dire di lui. Certo, il concetto di Dio può essere utile a coloro che, non accettando l'idea di un universo infinito esistente da sempre e destinato a durare in eterno, hanno bisogno di inventare qualcuno che lo ha causato o creato. Ma è un problema loro, e niente ha a che fare con la salvezza del genere umano.

A me sembra che si possa ripetere, con Spinoza, *Deus sive Natura* e insieme amare Gesù come colui che inaugura il Tempo Nuovo, la nuova storia dell'Umanità, quella storia in cui in ogni istante, lo si voglia o no, risuona la sua Parola di consolazione e di salvezza. Si capisce che nel Mondo Antico, nel quale è nato anche Gesù, Dio fosse necessario per spiegare tutto ciò che la scienza non poteva piegare, perché non c'era ancora, e per fondare un ordine etico e sociale. Anche Gesù, stando ai Vangeli, dovette confrontarsi con l'idea di Dio, ma lui quasi sempre lo traduceva come Padre che sta nei Cieli. E, si presume, un padre ama i suoi figli. Sembrerebbe un confronto improponibile quello tra Dio, in tutte le sue formulazioni e manifestazioni presenti nel Mondo Antico (coi suoi attributi di eternità, onnipotenza, onniscienza eccetera) e il figlio del falegname di Nazareth. Ma è il confronto tra un'elucubrazione, per quanto raffinata e complessa essa sia, e una persona che appartiene alla storia del genere umano, perché Gesù è stato carnalmente tra noi, ha calpestato le nostre stesse strade, vestito le nostre stesse vesti, mangiato i nostri stessi cibi, amato i suoi fratelli, le sue sorelle, le donne e gli uomini che gli stavano intorno. Gesù non è, *per natura*, 'divino': è diventato 'divino', per noi, venuti dopo di lui; è diventato la nostra stella polare, proprio perché ha riempito un vuoto cosmico che la nozione di 'Dio' non bastava a colmare, quel Dio che, essendo un concetto astratto, era necessariamente assente sulla Croce (come era assente ad Auschwitz). Così, Gesù ha occupato, nel nostro cuore, uno spazio orrendamente vuoto *ab origine*. Giacché in principio era il vuoto, per ciascuna anima. Sì, Gesù può essere amato con tutto il cuore, Dio no. Per Gesù si può provare tenerezza, compassione, amicizia e tutti i sentimenti buoni che un essere umano può albergare in sé. Ma con Dio le cose vanno diversamente. Detto in termini brutali: Gesù ci colma, Dio ci impietrisce. Dopo Gesù, di Dio possiamo fare a meno.

Con quanta fermezza e con quanta convinzione la preghiera ebraica fondamentale si apre da millenni con le parole "Shemà' Israel A. Eloqenu A. Echad" [traslitterazione della Comunità Ebraica di Roma], come se fosse necessario ribadirlo ogni volta, giacché l'unicità di Dio è continuamente minacciata dall'affacciarsi di altri dèi concorrenti o di altre cose terrene che gli uomini trasformano in divinità. E seguono poi, in questa preghiera, una serie di ordini perentori, promesse e minacce che Dio fa ai suoi fedeli, proprio come un vero Signore. Ma noi non sappiamo che farcene di un "Signore", noi abbiamo bisogno di qualcuno che ci offra consolazione e speranza.

C'è qualche traccia, nelle parole di Gesù, del 'tono' imperioso e 'regale' con cui Dio parla nell'Antico Testamento? Non direi. Anche le sue collere, anche le sue invettive, anche le sue maledizioni sono talmente 'umane' che ci inducono a guardare dentro noi stessi, a cercare il pentimento e la redenzione, piuttosto che gettarci nell'angoscia annichilante della povera creatura minacciata dal Martello di Dio. Gesù spande amore intorno a sé, Dio spande timore e spesso terrore. Per ora, nella mente e nel cuore di gran parte (credo) dei cristiani e dei teologi, Dio e Gesù convivono acrobaticamente, e i fedeli a volte si sbilanciano verso l'uno, altre volte verso l'altro. Ma le attuali elucubrazioni teologiche su Dio hanno a che fare, mi sembra, piuttosto con un bisogno filosofico che con la tensione interiore verso quel Dio tutto *Charitas*. Comunque, il tramonto dell'idea di Dio, inteso come Padrone e Signore dell'Universo, è ormai segnato. La grande lotta futura sarà, mi sembra, tra Gesù e il Male.

Gesù non è onnipotente, e quindi a lui non si applica la domanda senza risposta "Si Deus est, unde malum?". Il Male che si oppone e si opporrà a Gesù è il male morale (per il male fisico e metafisico non c'è risposta, giacché anche Gesù dovette soggiacere a essi, come ognuno di noi). Ma possiamo rispondere alla seconda metà del quesito, quella che si interroga: "Si Deus non est, unde bonum?". Il Bene viene da Gesù e soltanto da lui. Ci sono voluti centinaia di migliaia di anni di storia umana perché il Bene Assoluto, pensato e definito dai filosofi come un concetto astratto, si incarnasse in Gesù, diventasse, con lui, *una persona*, una realtà vivente; ci vorrà probabilmente altrettanto tempo perché Gesù giunga ad abitare il cuore di tutti gli uomini, portando, così, a conclusione, la Storia-solo-umana. Mi domando quando e come sarà la futura Storia Cristiana, cioè la storia segnata dalla presenza di Gesù nel cuore di tutti gli uomini. Mi domando anche se una tale Storia ci sarà mai.

Ma l'importante è sapere che, se qualcuno può salvare il mondo (cosa di cui dubito profondamente), solo Gesù, come Bene Vivente, può salvarlo e redimerlo. Lontano da lui, l'Umanità conoscerà soltanto la propria perdizione nella disperazione, per quanti dèi invochi, per quanti se ne fabbrichi.

Gesù ha spezzato le catene del tempo

Se ritorno al Discorso delle Beatitudini (al *Sermo de Monte*), mi viene in mente, sùbito, una famosissima frase che Joyce, nell'*Ulisse*, mette in bocca a Stephen: "La storia[...]è un incubo da cui cerco di destarmi". Lo stile 'profetico' di Gesù è comune a tutti i profeti, ma nel discorso di Gesù c'è qualcosa di più e di più radicale: le sue 'profezie' non aspettano un futuro indefinito per realizzarsi, ma si realizzano nel momento stesso in cui vengono profferite. Non c'è, insomma, un futuro da aspettare, nel quale tali profezie si realizzeranno: esse lo sono già, non appena Gesù le enuncia. Prendiamo, per esempio, il richiamo di Gesù alla imminente Fine dei Tempi, su cui si sarebbero affaticate e angosciate le menti dei cristiani dei primi secoli, giacché, a loro modo di vedere, questa fine, accompagnata dal ritorno di Gesù, non era avvenuta o tardava ad avvenire.

Io vorrei, in tutta umiltà, suggerire una diversa interpretazione delle parole di Gesù. La Fine dei Tempi si compie con la sua venuta tra noi, la quale, a sua volta, si compie con la sua crocefissione. Non c'è un 'dopo' da attendere, giacché col *Sermo de Monte* Gesù inaugura *un tempo nuovo*, che è anche il nostro tempo, cioè il tempo in cui noi viviamo, dopo la sua venuta e dopo che lui ha donato agli uomini la parola della consolazione e della salvezza.

Che significa 'avere fede' in Gesù?

La divinità di Gesù non è, a parer mio, 'dedu-cibile' dalla lettura dei Vangeli. Certo, se viene creduta *prima* della lettura dei Vangeli, tale lettura paradossalmente conferma, quasi in ogni versetto quello che già si credeva, e acquista significati e valenze irreperibili in una lettura 'laica'. Ma poniamoci una questione più pertinente all'argomento di questo scritto: se Gesù è dio soltanto per chi ha bisogno di crederlo tale, può un non credente *avere fede* in lui? Direi di sì. Con 'aver fede' intendo 'fidarsi'. E tutto ciò che il figlio del falegname ha detto e fatto mi induce a fidarmi di lui. Fidarsi, tuttavia, non è ancora 'affidarsi'. Affidarsi è assai di più, è il grido che l'evangelista Luca fa emettere da Gesù morente sulla Croce: "Padre, nelle tue mani consegno il mio spirito" (Lc 23,*46*)[9]. Preferisco, lo confesso, l'epilogo 'disperato', che si trova in Matteo, che mi pare meno animato da intenti 'edificanti', più realistico, più crudamente attendibile: un compimento, nella solitudine più atroce, di una vita spesa per amore degli uomini. Perché, poi, il resto (resurrezione, proclamazione dei propri poteri in cielo e in terra [Mt, 28,*18*] eccetera) non ha chiaramente nulla a che vedere con il figlio del falegname e poco, pochissimo a che vedere con quanto Gesù ha detto e fatto fino al momento della sua morte. Questo Gesù risorto, glorioso, trionfante, signore del Cielo e della Terra, ha qualcosa di sinistramente simile all'immagine - vecchia, vecchissima, decrepita - di tante divinità, di tanti dèi del Mondo Antico.

Ma, se Gesù è solo il figlio del falegname e il cielo sopra la sua Croce è vuoto, quale credito possiamo dare alle sue parole (per tacere dei suoi 'atti')? Insomma, se Gesù è solo un uomo, quale valore e quale significato può avere per noi la sua predicazione?

Conosciamo la risposta, data infinite volte dai non credenti, a questa domanda: Gesù era un visionario in buona fede (alcuni lo qualificano persino un delirante) e tutti i suoi atti prodigiosi e miracolosi (per tacere della sua resurrezione) sono leggende popolari, narrate poi dagli evangelisti come se fossero fatti realmente accaduti. Sembrerebbe una risposta impeccabile. Ma, se leggiamo il Vangelo di Matteo con mente sgombra di pregiudizi, non possiamo fare a meno di cogliere, qua e là, nuclei, isole, particole di un discorso, certamente inedito e sconvolgente, ma anche qualitativamente diverso dai discorsi di un visionario o di un delirante. Sono parole che ci toccano il cuore, che ci fanno sobbalzare, che ci prospettano un cammino di consolazione e di salvezza, del tutto nuovo e diverso da quelli tracciati dagli Spiriti Magni del Mondo Antico. È l'unicità, la specificità, la peculiarità del discorso di Gesù a penetrare nel nostro cuore. Diciamo che solo un uomo 'speciale', non mai esistito prima, poteva pronunciare il *Sermo de Monte*. Si può non ascoltarlo, ma se lo si ascolta, non è possibile liquidarlo come una fiaba o un delirio. Tra l'altro, le fiabe e i deliri rimangono patrimonio di uno o di pochi, ma il Discorso delle Beatitudini ha attraversato duemila anni di storia e ha conquistato metà del genere umano. E poi, questo discorso rimane, anche per chi non è credente, come un pungolo nella carne, un focolaio di inquietudine e di riflessione. Archiviarlo come una dottrina filosofica che non si condivida, non è proprio possibile.

E allora, un ascoltatore non credente come può accogliere le parole di Gesù senza, per questo, sentirsi costretto a considerarlo Dio Incarnato? Quale tipo di accoglienza avranno tali parole nella mente di chi vede in lui un uomo 'condannato' a un destino 'storico', grandioso e tragico, al quale non ha potuto sottrarsi?

In breve, si può essere 'cristiani' senza credere all'esistenza di Dio, alla divinità di Gesù, alla sua resurrezione? A me pare di sì, ma non nel senso attribuito all'esser cristiani da Benedetto Croce nel suo noto saggio, *Perché non possiamo non dirci cristiani*, dove il cristianesimo è visto come una sorta di imprinting culturale dell'occidente e dei suoi valori. Come quando si parla delle "radici cristiane dell'Europa". No, con 'essere cristiani' intendo la volontà di seguire Gesù e i suoi insegnamenti; di più: lo sforzo di imitare il suo modo di vivere e di stare in relazione con gli uomini, pur rimanendo consapevoli che la nostra morte è l'annullamento completo e irreversibile della nostra persona e che il Cielo è vuoto.

Ma, se non crediamo nell'esistenza di un Dio, se non crediamo che nei Cieli ci sia un Padre traboccante di amore per noi, se non crediamo che qualcosa di noi sopravviva dopo la nostra morte, potremo ancora dirci seguaci di Gesù, avere fiducia nelle parole che i Vangeli gli attribuiscono? Non siamo forse destinati a ricadere nel vecchio, polveroso discorso dei non credenti simpatizzanti di Gesù, degli ultimi due secoli, secondo i quali egli ci ha lasciato un altissimo messaggio morale, paragonabile a quello di Socrate, e quindi rimane uno dei grandi modelli etici dell'umanità, e niente di più.

È mai possibile che Gesù non sia niente di più di una riedizione di Socrate? Io credo che gli ammiratori 'laici' della figura di Gesù non andassero, di solito, oltre un omaggio d'obbligo a chi aveva, secondo loro, proposto dei valori che erano, più o meno, gli stessi che essi riconoscevano (fraternità, giustizia, pietà per i deboli, ripudio della violenza eccetera). Ma il senso della vita essi lo attingevano da altre fonti. Invece, a mio giudizio, la predicazione di Gesù può essere una fonte di senso anche per un non credente, se egli riconosce la verità, cioè - intendo qui - la 'pienezza di senso', del *Sermo de Monte*. Una pienezza di senso che non viene meno per il fatto di non credere né all'esistenza di Dio né alla divinità di Gesù né alla nostra sopravvivenza dopo la morte.

Accade qualcosa di simile quando ami una persona: non è necessario crederla immortale né crederti immortale per fare, di questo amore, il senso della tua esistenza. In ogni caso il testo dei Vangeli consente le più svariate interpretazioni (moltissime, ma non tutte), tra le quali c'è spazio anche per l'interpretazione che potrebbe darne il non credente.

Questa interpretazione vede in Gesù un uomo che ha percorso la sua vita sorretto da una fede assoluta nel Padre che sta nei Cieli e sicuro di dover compiere, per conto del Padre, una missione di 'evangelizzazione' su questa Terra. Sempre sentendosi interprete della volontà del Padre, Gesù ha ammaestrato i suoi seguaci per condurli su una via di salvezza offrendo loro anche la consolazione per tutti i mali che potessero affliggerli.

Per il non credente non sono essenziali le motivazioni che spingevano Gesù a dire e a fare quello che ha detto e fatto. Lui si considerava 'mandato dal Padre' per manifestare ai propri seguaci ciò che il Padre si aspettava da loro. Io interpreto 'il Padre' come il nocciolo di Bene che è racchiuso nel cuore di ogni uomo, pur essendo circondato da un involucro, più o meno spesso, di Male. Un messaggero della parte 'buona' dell'essere umano. Pensare che nell'uomo ci sia una parte buona non è una pia speculazione ottimistica, priva di ogni base empirica: infatti, come sappiamo, l'uomo è un animale sociale e, cosa ancor più grande (sulla quale da alcuni decenni si affaticano gli psicologi sociali), esiste nella specie umana una tendenza naturale all'altruismo, che finora rimane misteriosa perché alcune delle sue manifestazioni non appaiono finalizzate alla sopravvivenza della specie: sono, per così dire, 'gratuite'. Esempio classico: il giovane che perde la vita nel tentativo di sal-

vare un vecchio in pericolo. Quale 'funzione sociale', favorevole alla conservazione della specie,
avrebbe un comportamento come questo? Infatti, in quasi tutte le specie viventi è presente l'i-
stinto di proteggere e salvare i piccoli, ma l'altruismo presente nella specie umana contiene
qualcosa di più e di diverso, che non si spiega
soltanto con 'gli interessi' della specie. Viene
dunque il sospetto che nella psiche umana al-
berghi qualcosa che ha a che fare, più che con
un istinto, con un sentimento, e che questo sentimento sia l'amore per i propri simili. Un sentimento che pochi tra gli umani manifestano e
che molto spesso viene soffocato e cancellato da
sentimenti e impulsi del tutto contrari (non ci
dimentichiamo che Hegel definì, a ragione, la
Storia "il grande mattatoio").

In fondo, la metafora del 'peccato originale' e
della sua possibile cancellazione, col battesimo,
sì da ripristinare nell'uomo la libertà di scelta tra
bene e male (e la possibilità, quindi, di scegliere
il bene), questa metafora rende efficacemente l'i-
dea di una misteriosa 'perversione originaria e-
goistica' del cuore umano, che significa, laica-
mente, l'intervento nel processo della nascita e
dei primi momenti di vita di fattori che
distolgono dal suo fine l'energia potenzialmente
diretta a stabilire una relazione d'amore con

l'Altro. Fenomeno, questo, probabilmente indispensabile alla sopravvivenza fisica e psichica del cucciolo di uomo.

La mia personale opinione (personale ma non originale, giacché poggia sulle ricerche e sulle riflessioni di una legione di studiosi) è che, all'origine, vi sia, ineluttabilmente, un bisogno disperato di investire su di sé tutto l'amore e l'interesse, impegnato, com'è, il neonato, nella impresa di sopravvivere. In questo sforzo originario, che, solo per capirci (e senza connotazioni morali), chiameremo 'egoistico' e 'sfruttatorio' (nel senso che è orientato a 'usare' tutto ciò che è altro-da-sé per la propria sopravvivenza), non c'è spazio per un autentico amore per l'Altro, per l'impulso alla donazione di sé, per l'amore. Nel prosieguo della vita una parte di questo impulso originariamente egoistico viene, per così dire, 'deflessa' sui nostri si-mili, e i due impulsi (quello egoistico e quello altruistico), giungono a intrecciarsi, a bilanciarsi e a combattersi in ciascuno di noi, con esiti diversi da persona a persona. Ma è certo che, se la specie umana è sopravvissuta fino ad oggi, ciò è dovuto alla relativa prevalenza, nel pool degli individui che la compongono, dell'impulso altruistico.

La promessa di Gesù

Ebbene: che c'entra Gesù con tutto questo? Io
lo vedo soprattutto come una sorta di levatrice
(ma a differenza di quella socratica non intende
farci partorire ragionamenti corretti), che, con la
sua parola e il suo esempio, si sforza di rianima-
re e vivificare il patrimonio di amore altruistico
che ogni individuo racchiude in sé, come unica
strada (e chi potrebbe dargli torto?) per una
buona vita, nella quale possiamo aspettarci consolazione per i mali che ci affliggono, e nutrire la
speranza di un domani di felicità. Senza speranza, la vita è una ben triste sopravvivenza quoti-
diana. Gesù aveva perfettamente capito che
l'amore narcisistico per sé stessi, mentre promette la felicità, è la via sicura verso il fallimento della propria vita e che soltanto per-den-
dosi nell'amore per gli altri possiamo ritrovare
noi stessi e amare noi stessi come parte della
comunità umana: "Perché chi vuole salvare la
propria vita, la perderà; ma chi perderà la propria vita per causa mia, la troverà" (Mt, 16, *25*)[10].
  In breve, non si può dare senso alla propria
vita, e quindi sentire, ogni giorno, compiuta la
propria esistenza, se non dedicandola a qualcosa
che ci trascende, a un altro-da-noi, o, semplicemente, all'Altro. La *béance* che, secondo Lacan, si

radica nei livelli più originari e primordiali della psiche individuale (e che non può mai essere colmata), trova, invece, nell'invito di Gesù a seguirlo, l'unico modo per essere colmata. Lo insegnano le vite di molti santi e, in generale, di coloro che non sono vissuti solo per sé stessi, ma sono giunti a dimenticare sé stessi per amore dell'Altro. Una svolta decisiva, impressa da Gesù alla filantropia del Mondo Antico, è il suo proporre i piccoli, gli umili, gli ultimi come sua immagine ("In verità vi dico: ogni volta che avrete fatto queste cose a uno solo di questi miei fratelli più piccoli, l'avete fatto a me", Mt, 25, *40*).

Va comunque osservato che nei discorsi di Gesù c'è spesso, sullo sfondo, la promessa di un meraviglioso premio o di un terribile castigo ultraterreno a seconda che si siano seguiti o meno i suoi insegnamenti: una 'pedagogia' che noi appare molto primitiva e infantile. Del resto, essa sembra essere la prosecuzione dello 'stile' veterotestamentario, dove il Signore minaccia terribili castighi a chi violi i suoi comandamenti o, semplicemente, contrastati la sua volontà. È mai possibile che, per esortare gli uomini a essere 'buoni', sia necessario agitare lo spettro della Geenna o di catastrofi terrificanti che si abbatteranno su di loro e sulla loro discendenza?

Sembra che, nel contesto della predicazione di Gesù, quale ce la trasmettono i Vangeli, e forse nella mente dei suoi ascoltatori, non ci fosse la possibilità di pensare che la punizione del malvagio è lui stesso a infliggersela rinunciando a una relazione d'amore con il mondo e con gli esseri umani. Questa chiusura dentro la propria 'economia affettiva narcisistica', e quindi nell'infelicità che le appartiene, è più che sufficiente a rappresentare la pena che colpisce colui che è incapace di investire interesse ed amore nell'altro-da-sé. Non c'è, quindi, alcun bisogno di agitare la minaccia di terribili punizioni a cui Dio lo sottoporrà.

Quella delle terribili punizioni divine è, a mio parere, una delle parti più legate al contesto culturale e storico in cui furono scritti i Vangeli, e quindi una delle parti più 'deperibili'. Diciamo che, nella sua lettura 'selettiva' dei Vangeli, l'uomo contemporaneo ha, insieme, la sensazione della eternità di una parte della predicazione e degli atti di Gesù, e, dall'altro lato, la sensazione che molte altre parti sono puri cimeli storici, irrimediabilmente 'passati'. Insomma, verrebbe la tentazione di chiederci che cosa sia ancora vivo e che cosa sia irrimediabilmente morto nei Vangeli.

D'altro canto, è anche vero che gli aspetti più arcaici, primitivi, infantili della predicazione di Gesù (i medesimi del Vecchio Testamento) sono tuttora accettati senza riserve da gran parte dei cristiani (fedeli e clero): cosa, questa, che ci induce a riflettere sulla attualità delle osservazioni di Freud riguardo al processo di violenta infantilizzazione della mente dei fedeli, riscontrabile nelle religioni organizzate (cioè, in pratica, nelle tre religioni 'del Libro'). E questa è una delle ragioni che mi impedisce di definirmi 'cristiano', pur ritenendomi un seguace di Gesù.

La completa interiorizzazione della questione della colpa e della punizione sembra ancora oggi appannaggio di pochi fedeli. E dunque, come fenomeno storico-sociale, ancora oggi la religione svolge, nel suo insieme, un ruolo di oscuramento e di rudimentazione della mente dei fedeli. Ciò non significa che non continui a svolgere, come ha fatto per millenni, anche un ruolo di 'gendarme sociale', che, terrorizzando i fedeli con lo spauracchio delle pene eterne che li aspettano, li dissuade dall'abbandonarsi a comportamenti 'immorali' (che, spesso, sono anche antisociali). È noto che molti pensatori atei hanno valorizzato il ruolo della religione come 'freno' ai cattivi costumi del popolo.

Saranno capaci le generazioni a venire di realizzare una lettura dei Vangeli e una interpretazione delle parole di Gesù che vedano nel *Sermo
de Monte* il nucleo davvero innovativo della sua
predicazione, lasciando cadere, come scorie del
passato, tutti quei detti e quei fatti di Gesù che
appartengono alle tradizioni e alle credenze del
Mondo Antico?

NOTE

1.Testualmente: καλὸς γὰρ ὁ κίνδυνος (*Fedone*, 114 d). Jacqueline Salviat, nel suo *Καλὸς γὰρ ὁ κίνδυνος, Risque et mythe dans le Phédon*, propone, con solide argomentazioni, una diversa traduzione della frase platonica sopra riportata, che, a suo parere, rischia di introdurre nel discorso di Socrate una coloritura 'estetica' del tutto incongrua rispetto sia ai temi affrontati nel *Fedone* sia al contesto particolare in cui la frase viene pronunciata. Così, sulla scia di alcuni traduttori inglesi, la Salviat propone di rendere la frase greca con queste parole: "Infatti vale la pena di correre questo rischio". Del resto, argomenta la Salviat, in altri scrittori contemporanei di Platone, come Isocrate, un rischio "*kalòs*" è un rischio che *merita di essere corso* e, in materia di controversie giudiziarie, *kalòs kìndynos* è un rischio che si affronta perché la posta in gioco è più importante di quello che si rischia di perdere. (Cfr. J.-SALVIAT, "Revue des Études Grecques", LXXVIII (1965), vol.78, n.78, pp. 23 e segg.).

2. Greco: Ἀπόδοτε οὖν τὰ Καίσαρος Καίσαρι καὶ τὰ τοῦ Θεοῦ τῷ Θεῷ; latino: *Reddite quae sunt Caesaris Caesari et quae sunt Dei Deo* (Mt,22,21).

3. Nel testo greco a 'dare compimento' corrisponde l'espressione verbale 'πληρῶσαι', intorno

al cui significato si sono sviluppati ampi dibattiti interpretativi. Come qualcuno, inoltre, ha osservato, nel testo greco del Vangelo di Matteo, il verbo πληρόω ricorre 16 volte, di cui 12 in citazioni di 'compimento della Scrittura'.

4. "Dopo questo, Gesù, sapendo che tutto era ormai compiuto, affinché si compisse la Scrittura, disse: 'Ho sete'. C'era là un vaso pieno di aceto. Avendo dunque messo una spugna piena di aceto attorno a [una canna di] issopo, [la] portarono alla sua bocca. Quando dunque ebbe preso l'aceto, Gesù disse: 'È compiuto', e, chinato il capo, consegnò lo spirito" [[28]Μετὰ τοῦτο εἰδὼς ὁ Ἰησοῦς ὅτι ἤδη πάντα τετέλεσται ἵνα τελειωθῇ ἡ γραφὴ λέγει· Διψῶ. [29]σκεῦος ἔκειτο ὄξους μεστόν· σπόγγον οὖν μεστὸν τοῦ ὄξους ὑσσώπῳ περιθέντες προσήνεγκαν αὐτοῦ τῷ στόματι. [30]ὅτε οὖν ἔλαβεν τὸ ὄξος ὁ Ἰησοῦς εἶπεν·Τετέλεσται, καὶ κλίνας τὴν κεφαλὴν παρέδωκεν τὸ πνεῦμα.] (Gv, 19,*28-30*).

5. (*Breviloquium*, Parte prima, capitolo IX).

6. Com'è noto, il termine latino *Iuppiter* originariamente era *Diēspiter*, corrispondente al greco *Zeῦ pàter*, e connesso al sanscrito *Dyaṣ Pitṛ*, che significa "Padre Cielo" o "padre splendente". Nella antica religione greca, romana e proto-

indoeuropea non c'è traccia della *Charitas* come definizione dell'essenza del Padre.

7. Trad. interconfessionale: "Io ti dico che tu sei Pietro e su di te, come su una pietra, io costruirò la mia comunità. Nemmeno la potenza della morte potrà distruggerla. [19]Io ti darò le chiavi del regno di Dio: tutto ciò che tu sulla terra proibirai, sarà proibito anche in cielo; tutto ciò che tu sulla terra permetterai, sarà permesso anche in cielo. [20]Poi Gesù ordinò ai suoi discepoli di non dire a nessuno che egli era il Messia" (Mt,16,*18-19*).

8. Ecco, infatti, il testo greco: "[27]μέλλει γὰρ ὁ υἱὸς τοῦ ἀνθρώπου ἔρχεσθαι ἐν τῇ δόξῃ τοῦ πατρὸς αὐτοῦ μετὰ τῶν ἀγγέλων αὐτοῦ, καὶ τότε ἀποδώσει ἑκάστῳ κατὰ τὴν πρᾶξιν αὐτοῦ" (Mt, 16, *27*)

9 Nel testo greco: καὶ φωνήσας φωνῇ μεγάλῃ ὁ Ἰησοῦς εἶπεν· πάτερ, εἰς χεῖρας σου παρατίθεμαι τὸ πνεῦμα μου.

10 Nel testo greco: "ὃς γὰρ ἐὰν θέλῃ τὴν ψυχὴν αὐτοῦ σῶσαι ἀπολέσει αὐτήν· ὃς δ' ἂν ἀπολέσῃ τὴν ψυχὴν αὐτοῦ ἕνεκεν ἐμοῦ εὑρήσει αὐτήν·" (Mt, 16, *25*). Com'è intuibile, molto si è discusso su come tradurre in italiano quel τὴν ψυχὴν, che alcuni rendono con "vita", altri con "anima",

ma che, nella versione latina della *Vulgata*, suona, comunque, "animam".

www.ingramcontent.com/pod-product-compliance
Lightning Source LLC
Chambersburg PA
CBHW060410290526
45791CB00002B/688